Yara Fernandes

O SUCESSO QUE MATA

O SUCESSO QUE MATA

Fuja das Armadilhas que Roubam os seus Sonhos

WAYDE GOODALL

Traduzido por Marta Doreto de Andrade

1ª Edição

CPAD

Rio de Janeiro
2011

Título do original em inglês: *Success Kills*
New Leaf Press, P.O Box 726, Green Forest, EUA
Primeira edição em inglês: 2009
Tradução: Marta Doreto de Andrade

Preparação dos originais: Gleyce Duque
Revisão: Cristiane Alves
Capa: Josias Fenamore
Adaptação de Projeto gráfico e editoração: Oséas F. Maciel

CDD: 248-Vida Cristã
ISBN: 978-85-263-1054-4

As citações bíblicas foram extraídas da versão Almeida Revista e Corrigida, edição de 1995, da Sociedade Bíblica do Brasil, salvo indicação em contrário.

Para maiores informações sobre livros, revistas, periódicos e os últimos lançamentos da CPAD, visite nosso site: http://www.cpad.com.br

SAC — Serviço de Atendimento ao Cliente: 0800-021-7373

Casa Publicadora das Assembleias de Deus
Caixa Postal 331
20001-970, Rio de Janeiro, RJ, Brasil

1ª edição: 2011

Dedicado à minha esposa Rosalyn e aos nossos filhos Jeremy e Kristin, amigos maravilhosos e dádivas de minha vida. Uma enorme parcela de crédito e reconhecimento deve ser dada a Rosalyn, que edita tudo o que escrevo. Ela é uma das pessoas mais talentosas que conheço, e sem ela eu simplesmente não poderia realizar o que faço. Ela é uma esposa e mãe maravilhosa.

PREFÁCIO

Fuja das Armadilhas que Roubam seus Sonhos

Como definir o sucesso? Devemos temê-lo? Por que tanta gente falha quando galga posições de influência, poder, autoridade e prestígio... ou quando acumula riquezas, ou recebe um título? Como nos resguardar das decisões erradas e de perder aquilo pelo que trabalhamos tão arduamente? Quando atingimos o que acreditamos ser o sucesso, como manter a estabilidade e o senso de equilíbrio, para garantir que a carreira e a vida sejam saudavelmente estáveis?

Nos últimos anos, escândalos corporativos e religiosos têm causado uma devastação sem precedentes na economia mundial e no âmbito da igreja. A arrogância executiva e a espiritual produzem uma atmosfera tóxica em muitas organizações. Existem proteções e princípios que devemos enfocar para assegurarmos o equilíbrio com excelência naquilo que fazemos.

Quase todo líder, empresa e igreja debatem-se com estas questões — ou ao menos deveriam fazê-lo.

Há muitas definições para o sucesso. Qual é a sua? Peter Drucker afirmou: “Até descobrirmos o que o sucesso significa para nós ou para a nossa organização, a liderança é uma conversa praticamente inútil”. [1]

Quando você alcança aquilo que acredita ser o sucesso, como viver de modo a continuar crescendo em caráter, integridade e contentamento, junto com o sucesso?

Em sua intensa pesquisa, Jerry Porras, Stewart Emery e Mark Thompson (coautores de *Success Built to Last*) descobriram que tão logo colocamos alguém num pedestal como um modelo a ser seguido, parece haver uma perversa lei universal que aumenta as possibilidades de essa pessoa, ou organização, falhar totalmente.[2]

Fomos criados para ser bem-sucedidos em nossa jornada pela vida. Todavia, é provável que Deus defina o sucesso de modo diferente de nós. Todos recebemos dons, talentos e habilidades exclusivos; todos temos experiências de sofrimento ou alegria, que devem ser usadas para o bem dos outros; todos cometemos erros, fomos explorados, e também transformados em alvos de julgamentos errôneos.

Estas experiências podem ser a nossa maior dádiva. Deus pode ajudar-nos a enxergar profundamente, a examinar o que se passa, e a decidir pelo uso do nosso sofrimento como oportunidade para nos tornarmos melhores.

Riqueza, poder, prestígio, educação ou influência têm pouco a ver com a definição de Deus para o sucesso. Ele está interessado em nossa fidelidade, obediência, caráter e, às vezes, nossa cega confiança nEle.

> *Confia ao Senhor as tuas obras, e teus pensamentos serão estabelecidos (Pv 16.3).*

A pressão para se obter sucesso (do modo tradicional) é geralmente exercida por outra pessoa que precisa de nós para ganhar a vida ou subir profissionalmente. Quando o sucesso significa mais dinheiro, mais coisas, tornar-se famoso, ou obter poder, não trará a satisfação que todos almejamos.

Cada pessoa é única e anseia fazer diferença pelo bem, por si mesma, e pelo mundo. Até darmos a nós mesmos o presente de realizar tal desejo, não teremos o sucesso que, no fundo, almejamos.

---

[1] Jerry Porras, Stewart Emery, e Mark Thompson, *Success Built to Last* (Nova York: Plume Books, 2007), p. 11.

[2] Ibid.

Sumário

O que É o

SUCESSO?

Capítulo 1

Quase todos os homens são capazes de suportar adversidades, mas se quiser por à prova o caráter de um homem, dê-lhe poder.[1]
— Abraham Lincoln

Como pode alguém que parece possuir tudo, e que atingiu certo nível de sucesso ou fama, arriscar tudo isto? Como pode uma companhia ou ministério, capaz de provar-se extraordinariamente bem-sucedido, tomar uma decisão que, literalmente, "traz a casa abaixo"?

Ted Haggard, pastor de grande projeção, escritor, conselheiro de líderes do governo, e líder da *National Association of Evangelicals* [Associação Nacional de Evangélicos], admitiu certo grau de relacionamento com um massagista homossexual. A sua posição, seu poder e popularidade podem ter sido a combinação tóxica que o "autorizava" a dirigir cerca de uma hora, desde sua casa, para visitar esse homem, esperando esconder o seu comportamento do público, da igreja e da família. Em seu pensamento, essa "bruma" permitia-lhe a arrogância, a falta de julgamento, e o senso de direito.

Mark Foley, o congressista republicano da Flórida, renunciou depois de haverem sido reveladas as suas mensagens instantâneas, sexualmente sugestivas, a adolescentes que serviam como mensageiros congressionais. Outros governantes confidenciaram-me que muita gente muda quando recebe cargos públicos de grande destaque.

O professor de psicologia, Tomi-Ann Roberts afirmou: "Quanto mais poder temos, mais convictos nos tornamos de que somos invulneráveis e podemos fazer as coisas que, por debaixo dos panos, todos desejam fazer".[2]

Companhias como a editora cristã Multnomah Press, pode fazer planos de expansão realmente ambiciosos, e de alto risco, para o futuro em longo prazo, por causa da aparente tendência ao sucesso.

O estupendo sucesso da Multnomah, *The Prayer of Jabez* (A Oração de Jabez), vendeu mais de oito milhões de cópias em 2001 (mais que qualquer outro livro naquele ano). Acreditando que isso consolidaria o futuro da organização, a Multnomah tomou decisões que "não estavam no mapa" do crescimento realístico. Gastou-se dinheiro, produziu-se estoque, contratou-se pessoal; mas houve uma devolução maciça do livro (milhões de cópias) por parte das livrarias. Consequentemente, a companhia foi forçada a reduzir o pessoal e, eventualmente, vender a organização. Eles já não se encontram no ramo.

A lição? Sucesso, vitória ou realizações momentâneos não garantem um futuro estável.

Aquele, pois, que cuida estar em pé, olhe que não caia (1 Co 10.12).

A história é repleta de episódios de pessoas que foram bem-sucedidas, mas perderam a maior parte, senão tudo, do que possuíam. Poder, talentos e habilidades podem subir-nos à cabeça.

Quando somos elevados a postos de poder e influência, geralmente ocorrem em nós mudanças sutis. A autoridade e o poder de influenciar são necessários à liderança, contudo podem ser setas mortais, capazes de nos derrubar. Alguém já disse: "O poder absoluto corrompe absolutamente".

Muitos desejam a riqueza, e ela é útil quando construímos um país, uma companhia, ou uma igreja, mas a riqueza sem disciplina pode trazer enorme arrogância e angústia.

Muitos trabalham, estudam e preparam-se para ser o mais talentoso em seu ramo, porém aquilo que os faz tão bem-dotados interiormente pode, de igual modo, exaltar-lhes o ego resultando em uma liderança movida pelo "eu", em vez de uma liderança servidora.

Muitos buscam conhecimento e sabedoria; contudo, aqueles com elevada inteligência e sabedoria naturais podem tomar decisões erradas, por "achar" que podem confiar nelas em todas as escolhas. Seria por isto que "não são muitos os sábios segundo a carne... que são chamados"? (1 Co 1.26).

Todos desejamos experiências e talentos que nos ajudem a melhorar e alcançar nossas metas. A verdade, porém, permanece: "As circunstâncias não fazem o homem; apenas o revelam a si mesmo".[3]

O sucesso tem a ver com *fidelidade, obediência* ao Senhor, e *fazer o que é certo*.

> *Não te desamparem a benignidade e a fidelidade; ata-as ao teu pescoço; escreve-as na tábua do teu coração e acharás graça e bom entendimento aos olhos de Deus e dos homens (Pv 3.3,4).*

O sucesso pode ser o maior desafio que tenhamos de experimentar. Embora não haja nada errado em ser próspero, é preciso haver uma constante consciência de que a dádiva do sucesso pode ser justamente o que causará dano à nossa vida. A bênção da percepção pode facilmente transformar-se na maldição do engano.

O Homem mais Talentoso de seu Tempo

Em sua época, Salomão era o mais rico e mais sábio de todos os reis da terra. Como um jovem líder, ele desejou desesperadamente discernimento para governar o povo de Israel. Ele entendeu a importância de se tomar decisões corretas e pediu a Deus que lhe desse a singular habilidade de distinguir entre o certo e o errado.

Deus respondeu às orações dando-lhe um coração sábio e discernidor. A Bíblia diz: "Antes de ti teu igual não houve, e depois de ti teu igual não se levantará" (1 Rs 3.12). E Deus lhe deu também riqueza, honra e respeito. Não havia igual a ele entre os reis da terra.

> *E Deus deu a Salomão sabedoria, e muitíssimo entendimento, e largueza de coração, como a areia que está na praia do mar. E era a sabedoria de Salomão maior do que a sabedoria de todos os do Oriente e do que toda a sabedoria dos egípcios. E era ele ainda mais sábio do que todos os homens, e do que Etã, ezraíta, e do que Hemã, e Calcol, e Darda, filhos de Maol; e correu o seu nome por todas as nações em redor. E disse três mil provérbios, e foram os seus cânticos mil e cinco. Também falou das árvores, desde o cedro que está no Líbano até ao hissopo que nasce na parede; também falou dos animais, e das aves, e dos répteis, e dos peixes. E vinham de todos os povos a ouvir a sabedoria de Salomão e de todos os reis da terra que tinham ouvido da sua sabedoria (1 Rs 4.29-34).*

Salomão levou vinte anos para construir o templo e o seu palácio, dedicar o templo e trazer para dentro dele a "arca". Ele era obediente e meticuloso, e demonstrou liderança em um nível que surpreendia aqueles que lhe observavam a vida. Que talento, que senso do tempo, e que precisão possuía esse jovem líder.

Mas... algo aconteceu-lhe durante os seus dias de incrível sucesso. A sua mente começou a mudar. Todos podemos experimentar o enfado e começar a imaginar como seria explorar outras opções. Ele permitiu-se pensar em coisas que sabia não serem agradáveis a Deus.

Sutil e vagarosamente, ele transformou-se em alguém que anelava pelos prazeres terrenos mais do que pelas coisas de Deus. Seu coração mudou, suas decisões tornaram-se nebulosas e complicadas, e a sua vida encheu-se de concessões.

Deus falou novamente a Salomão: "Visto que houve isso em ti, que não guardaste o meu concerto e os meus estatutos que te mandei, certamente, rasgarei de ti este reino e o darei a teu servo" (1 Rs 11.11).

O Criador que lhe dera mais sucesso que a qualquer outro ser humano, então, o tirou.

O que fez Salomão para merecer tal coisa?

> *E o rei Salomão amou muitas mulheres estranhas... no tempo da velhice de Salomão, suas mulheres lhe perverteram o coração para seguir outros deuses (1 Rs 11.1,4).*

Ele tornou-se desobediente, obstinado e arrogante, e o seu coração mudou. O maior homem, mais sábio e mais respeitado de seu tempo começou a fazer escolhas erradas. Ele perdeu muito do que ganhara — incluindo o respeito de Deus.

Por quê? Pensamento errado, complacência e orgulho pelo que conhecia e possuía. Seu sucesso tornou-se seu inimigo.

Lembremo-nos disto: Deus não permitirá que o seu Reino, no coração ou no mundo, seja orientado por princípios mundanos e carnais.

O próprio Salomão escreveu: "Há caminho que ao homem parece direito, mas o fim dele são os caminhos da morte... mas os prudentes se coroarão de conhecimento. Os maus inclinam-se perante a face dos bons, e os ímpios, diante das portas do justo" (Pv 14.12-19).

Se Salomão houvesse tão somente dado ouvidos às próprias palavras, refletido no que estava fazendo, e simplesmente confiado em

Deus, teria evitado toda a angústia e dor em sua vida. Após tantos anos de incríveis favor e fama, ele fez exatamente o que Deus considerava errado. Ele conhecia as regras, entendia por que era abençoado, mas decidiu que faria do próprio modo.

Salomão atingiu sua meta e obteve tudo o que buscou; isto, porém, custou-lhe caro. Ele atravessou anos de desencorajamento, desilusão e confusão. Poderia ter desfrutado de mais sucesso, se houvesse mantido o foco na obediência a Deus.

A queda de Salomão no auge da sua vida deve servir de advertência àqueles que escolhem deturpar os fatos, ludibriar os outros, e tomar as rédeas nas mãos. O sucesso espiritual e as bênçãos de Deus só vêm por meios justos, não por manipulação ou desprezo dos princípios.

A história de Salomão não é incomum. As manchetes recordam-nos frequentemente de líderes que caem. Pessoas respeitáveis, a quem olhávamos com reverência, tomam decisões que nos chocam.

Por quê? Poder, influência, dinheiro, atração física, sabedoria e vitória podem, rapidamente, tornar-se um laço para o ego. Começamos a acreditar em isenção própria e a confiar na lisonja das pessoas, e então nos sentimos como "pequenos deuses".

O livro de O. J. Simpson, *If I Did It* [Se eu Fizesse], revela o cenário hipotético de *se* e *como* ele poderia ter assassinado a ex-esposa, Nicole Brown Simpson, e o amigo Ronald Goldman. A decisão de escrever tal livro não é apenas um insulto ao senso comum, mas recorda-nos o potencial humano ao erro e à motivação por ganância pessoal.

Michael Vick, a estrela da zaga do Atlanta Falcons, chocou o técnico do time, bem como os seus companheiros e fãs do mundo inteiro, quando se soube que ele estivera envolvido em briga de cães e, possivelmente, extorsão de dinheiro. Por que ele fez isso? O que ele pensava? Por quanto tempo estivera ocultamente envolvido nessas atividades? Certamente ele não precisava do dinheiro. A adrenalina em seu sangue quando ele conduzia o time à vitória era a mesma que lhe corria nas veias quando via um cão maltratar e matar o outro.

A Bíblia e a história fornece todas as evidências que precisamos para estar cientes de que todos tomamos algumas decisões bastante erradas. Isaías declara: "Todos nós andamos desgarrados como ovelhas; cada um se desviava pelo caminho, mas o Senhor fez cair sobre ele a iniquidade de nós todos" (Is 53.6).

O que podemos fazer?

Quando somos bem-sucedidos, não devemos confiar no sucesso, mas acreditar em Deus, que nos concedeu os talentos; permanecer humildes, honestos e dependentes; saber que, por alguma razão, recebemos um dever sagrado; não depender de títulos, influência, dinheiro ou posição; confiar diariamente no Criador e saber que, tenhamos muito ou pouco, o seu amor por nós jamais mudará. Ele não se impressiona com riqueza, educação ou poder. O que o impressiona é a nossa sincera confiança nEle.

A razão humana é um dos ídolos mais admirados no mundo intelectual. Heresias tais como situação ética, raciocínio sobre quando a vida começa (ou deve terminar), ou mesmo a existência de um Deus pessoal, têm início nos pensamentos de pessoas que geralmente admiramos como pensadores brilhantes. Com o orgulho no âmago de sua natureza, o homem deseja nada menos que ser o seu próprio deus. Descubra um ensinamento que encoraje as maravilhosas habilidades de uma pessoa, e ela será uma glutona à mesa desta doutrina.

O sucesso vem de dentro; não de fora[4]
– Bill Purdin

Quando Deus nos proporciona algum êxito, a sua intenção é que o usemos a favor dEle. O nosso sucesso pode ser a ferramenta que ajudará outras pessoas, individual ou coletivamente. Ele também pode ser usado com motivos e comportamentos errados, bem como por egoísmo.

Deus criou-nos para sermos bem-sucedidos. Mas qual é a definição que Ele faz de sucesso? Seria poder? Seria aquilo que temos ou quanto dinheiro possuímos? Teria algo a ver com educação, política, ou ser o diretor de uma companhia que aparece na lista das 500 empresas mais produtivas, publicada anualmente na revista Fortune?

Estas são algumas definições comuns, e que têm o seu valor. Contudo, é mais profundo que isto. Embora Deus deseje que todos sejamos bem-sucedidos, precisamos entender não apenas a sua definição de sucesso, mas de onde ela vem — *e devemos segurá-la gentilmente.*

O Sucesso Equivale ao Favor de Deus

As aparências podem ser perigosas.

Os outros podem observar nossas vidas ou olhar o que possuímos, o que dirigimos, onde vivemos e onde trabalhamos, e pensar que não somos bem-sucedidos. A aparência do sucesso (ou fracasso) pode ser um truque decepcionante.

A experiência de José, registrada em Gênesis 39, pode ser interpretada como um pesadelo. Ele foi reduzido a escravo pelos irmãos. Quando lhes contou sobre o maravilhoso sonho que Deus lhe dera, eles acharam que o rapaz estivesse tentando manipulá-los a fim de tornar-se o seu superior. Ressentiram-se contra ele, e o sentimento cresceu ao ponto de desejarem a sua morte. Como um dos irmãos não quis matar José, então, eles decidiram vendê-lo a uma caravana que se dirigia ao Egito. Quando lá chegou, José foi posto em leilão e vendido para uma vida de escravidão.

O homem que comprou José tinha uma esposa que desejou ter um caso com o rapaz e, falsamente, acusou-o de tentativa de estupro. Supostamente culpado, José foi preso.

Se estivéssemos lá, assistindo ao desenrolar da história, pensaríamos que a mão de Deus estava contra José. Ele tinha direito de sentir-se vitimado. Sua vida parecia um caos completo.

Não obstante, a verdade era o oposto do que parecia. Deus sabia exatamente onde se encontrava José e o que ele estava atravessando. Quatro vezes, no capítulo 39 de Gênesis, lemos que "o Senhor estava com José" (vv. 2, 3, 21, 23). Por haver José honrado ao Senhor em tudo o que passou, Deus o honrou.

Eventualmente, José veio a ser considerado um líder jovem e próspero. Todavia, por causa das circunstâncias, por um momento ele pareceu fracassado. Então, após muitos anos de provações, voltou a ser bem-sucedido. Por sua recusa em tornar-se amargurado na vida, e por não culpar os irmãos por seu sofrimento, Deus o abençoou grandemente. José salvou, literalmente, milhares de vidas e foi reconhecido como um sábio e talentoso líder. Ele recebeu o respeito das pessoas mais influentes da terra.

De um lado para outro... sucesso, fracasso, e então, novamente o sucesso.

Durante os altos e baixos de sua vida, José manteve uma característica: confiava em Deus, em qualquer situação. Independente de ele ser um líder, um prisioneiro, ou uma pessoa de grandes poderes, permanecia fiel e apegado à certeza de que Deus estava presente em todas as situações.

José não confiava em uma posição, um título, afluência financeira, ou na opinião das pessoas para assegurar-se de que era um sucesso. Ele simplesmente sabia que, independente de tudo, Deus estava com ele. A posição não fazia o homem; a despeito das circunstâncias, o homem não mudava.

A adversidade pode ser uma bênção maior que a abundância. A pressão, os desafios e as dificuldades podem ser as mãos que nos moldam para sermos pessoas e líderes melhores. A provação pode ser uma dádiva maior que a vida sem dor ou rejeição. A coisa que as pessoas mais desejam e pela qual se esforçam — o sucesso — pode ser o maior desafio que enfrentarão.

Se você alcançou o que julga ser o sucesso na vida, compreenda que as bênçãos, os dons e talentos vieram de Deus. Ele concedeu-lhe dádivas e favores com um propósito. Use-os sabiamente.

> *Confia no Senhor de todo o teu coração e não te estribes no teu próprio entendimento. Reconhece-o em todos os teus caminhos, e ele endireitará as tuas veredas. Não sejas sábio aos teus próprios olhos; teme ao Senhor e aparta-te do mal (Pv 3.5-7).*

Deus tem a sua própria definição de sucesso. O que possuímos, quanto dinheiro ganhamos, ou quanto temos investido pode levar-nos a pensar que estamos no topo do jogo da vida. Por esta razão, a Bíblia instrui-nos:

> *Exorta aos ricos do presente século que não sejam orgulhosos, nem depositem a sua esperança na instabilidade da riqueza, mas em Deus, que tudo nos proporciona ricamente para nosso aprazimento; que pratiquem o bem, sejam ricos de boas obras, generosos em dar e prontos a repartir; que acumulem para si mesmos tesouros, sólido fundamento para o futuro, a fim de se apoderarem da verdadeira vida (1 Tm 6.17-19, ARA).*

Existem milhares de pessoas infelizes, possuidoras de incríveis riquezas. Dinheiro, posses, títulos e segurança financeira não definem o sucesso. Nada há de errado com qualquer destas coisas, mas quando as possuímos, devemos lembrar que podem ser temporárias, e certamente não serão algo que levaremos conosco ao partirmos desta vida.

O favor de Deus, suas bênçãos e o sucesso que Ele nos confere são porque Ele se agrada do modo que escolhemos viver e como tomamos nossas decisões.

> *O Senhor firma os passos do homem bom e no seu caminho se compraz (Sl 37.23, ARA).*

[1] http://www.quotationspage.com/quote414.html.

[2] Brad Radford, "Fall Guys", *The Gazette*, seção Life, 14 de Novembro, 2006.

[3] James Allen, *As a Man Thinketh* (Rockville, MD: Wildside Press, 2005), p. 20.

[4] http://www.legendinc.com/Pages/ArchivesCentral/QuoteArchives/Success.html.

O Medo do SUCESSO

Capítulo 2

O sucesso é perigoso. A pessoa começa a copiar a si mesma, e copiar a si mesmo é mais perigoso que copiar os outros. Isso leva à esterilidade.[1]
— Pablo Picasso

"Ela pode ser a maior fabricante de carros do mundo e tem causado grande agitação entre os fabricantes em Detroit. Ultimamente, tem-se empenhado para evitar a temida reação americana".[2]

Por que a Toyota está com medo de se tornar a número um? "Estar satisfeito em ser a maior e tornar-se arrogante é o caminho que devemos temer", declarou o presidente da Toyota, Watanabe-san.[3]

Evitar a complacência, criar uma atmosfera de "urgência" e temer a arrogância tem sido o primeiro ponto na agenda diária dessa fabricante de automóveis. Por quê? A paixão por nosso trabalho — acordar com um entusiasmo por começar o dia, o serviço, a missão ou a meta — é uma boa coisa. De fato, é necessária a toda empresa, igreja, ou indivíduo em crescimento. A arrogância pelo que temos conquistado pode, sutilmente, introduzir-se em nosso ego e matar tudo o que realizamos.

Og Mandino afirmou: "O único meio eficaz de se alcançar o sucesso é apresentar maior e melhor serviço que o esperado, não importa qual seja a nossa tarefa. Este é um hábito seguido por toda pessoa bem-sucedida, desde o princípio dos tempos. Por conseguinte, eu diria que o caminho mais seguro para condenarmo-nos à mediocridade é executar apenas o trabalho pelo qual somos pagos".[4]

Tudo quanto te vier à mão para fazer, faze-o conforme as tuas forças (Ec 9.10).

Quando minha esposa e eu estávamos namorando (há mais de 30 anos), eu tinha um Corolla Toyota verde escuro. Antes de sairmos, eu certificava-me de que estivesse absolutamente limpo e aspirado. Quando eu virava a chave na ignição, o estéreo do carro começava imediatamente a tocar as canções preferidas dela. A minha técnica para o namoro era motivada por meu desejo de fazer tudo, o que fosse preciso, para que ela se sentisse valorizada, honrada, respeitada e feliz.

Bem, a técnica (que vinha do meu coração) era provavelmente uma parte do meu sucesso. Estamos casados há mais de três décadas, temos dois filhos maravilhosos, e aquele foi o último Toyota que possuí. Eu gostava — mas naquele tempo o fabricante não oferecia a qualidade de hoje. Ele era só "um daqueles modelos estrangeiros". Nada demais. Embora o primeiro lugar fique sempre entre a Toyota e uma das companhias americanas, por enquanto, a vez é da Toyota.

As pessoas estão comprando os seus carros. A publicidade é vasta. Eles chamam a atenção para a falta de combustível e vendem os seus híbridos criativos. As vendas estão no topo, e o presidente da fábrica, bem como os seus gerentes e o marketing, tornaram-se temerosos de suas conquistas e da fama recém adquirida.

O sucesso é o sonho de todo líder. Com ele, porém, chegam os desafios. Os times de futebol fazem todo o possível para chegar ao campeonato nacional e vencer. Os times de voleibol esforçam-se para ser o vencedor da Liga Mundial. Os times de basquetebol nos Estados Unidos empenham-se em mais de 80 jogos para chegar às finais e ganhar. Das enormes corporações ao gerente de uma cafeteria Starbucks nas ruas de Seattle, donos de negócios, administradores e diretores são impulsionados a chegar ao topo.

A maioria deseja ser bem-sucedida. Poucos temem o que pode vir com o sucesso. Riqueza, glória, prestígio, cumprimentos, carros, casas, roupas, melhores escolas, muitos amigos, etc., são alguns dos atavios que ocupam o pensamento da maioria, em sua escalada ao topo.

O Sr. Wtanabe, presidente da Toyota, está certo. O sucesso é perigoso.

A complacência — letargia — pode introduzir-se sutilmente, e os times, os negócios e os líderes começarem a perder a paixão e a cometer erros.

Se, de forma bem-sucedida, você aplicar estas ideias, e depois parar de fazê-la, você retrocederá, da excelência para o bom, ou pior. A única maneira de se conservar a excelência é continuar aplicando os princípios fundamentais que o fizeram excelente.[5]

— Jim Collins

O foco dirigido e a paixão que levam ao topo são frequentemente perdidos, uma vez que o "conseguimos".

Quando vencemos, algo começa a acontecer por dentro. Sutil e gradualmente, começamos a dizer a nós mesmos que levantar cedo para iniciar o dia, ou conservar a ânsia de continuar lendo, estudando, aprendendo e crescendo é esforço demasiado. Transigimos com a nossa missão de fazer diferença, nos tornar melhores e alcançar nossas metas.

O sucesso, a vitória, a riqueza, e um futuro onde tudo parece estar bem podem *paralisar* o avanço na fé, na aceitação de riscos necessários e do crescimento. Sentimo-nos satisfeitos com o que conseguimos, olhamos para a nossa prosperidade, e perdemos a compreensão daquilo que nos levou até lá. Há um equilíbrio que devemos entender, ou permitiremos que a arrogância nos domine.

> *Afasta de mim a vaidade e a palavra mentirosa; não me dês nem a pobreza nem a riqueza; mantém-me do pão de minha porção acostumada; para que, por porventura, de farto te não negue e diga: Quem é o Senhor? Ou que, empobrecendo, venha a furtar e lance mão do nome de Deus (Pv 30.8,9).*

A complacência pode ser como uma doença sorrateira, que cresce sem o nosso conhecimento e rouba-nos a energia da vida. É relativa. Podemos verdadeiramente ter muito e começar a ignorar o que ou quem nos levou até ali.

Alguém me disse que a maioria das denominações cristãs principia com uma incrível paixão por ganhar as almas perdidas, fazer missões, expandir e alcançar aqueles que não tiveram a oportunidade de ouvir a mensagem de Jesus Cristo. A sua história conta que nos primeiros anos, a sua energia transborda, o seu foco é claro, e a essência de seus princípios é conhecida por todos dentro da organização. Como resultado, ocorre o crescimento, novos membros são alcançados, e abrem-se igrejas com um significante impacto para o bem de suas comunidades.

À medida que se passam os anos e as décadas, a maioria das denominações começa a desacelerar o crescimento, ou mesmo a declinar. A liderança põe-se a examinar e indagar: "Por que não estamos crescendo no mesmo passo?" Ou simplesmente: "Por que paramos de crescer?"

São feitos relatórios para suas escolas e universidades, explicando por que o crescimento não está ocorrendo. Outras denominações podem levar a culpa de ser uma ameaça. "As mega- igrejas estão engolindo as igrejas menores; os evangelistas televisivos estão se tornando a nova forma de as pessoas assistirem aos cultos em suas salas; a nova música, a tecnologia, ou o local desta ou daquela nova igreja estão atraindo todas as pessoas", etc. Ou alguns diriam que pastores transigentes pararam de comunicar a mensagem original.

Há alguma verdade em tudo isso.

Raramente, porém, a palavra complacência é mencionada. A paixão que levou ao crescimento foi neutralizada pela apatia, letargo e sensação de conforto. Até a arrogância e o orgulho podem penetrar na conversa e no pensamento da liderança: "Vejam o que realizamos".

Jesus narrou, certa vez, a história de um fazendeiro rico:

A herdade de um homem rico tinha produzido com abundância. E arrazoava ele entre si, dizendo: Que farei? Não tenho onde recolher os meus frutos. E disse: Farei isto: derribarei os meus celeiros, e edificarei outros maiores, e ali recolherei todas as minhas novidades e os meus bens; e direi à minha alma: alma, tens em depósito muitos bens, para muitos anos; descansa, come, bebe e folga. Mas Deus lhe disse: Louco, esta noite te pedirão a tua alma, e o que tens preparado para quem será?

Assim é aquele que para si ajunta tesouros e não é rico para com Deus (Lc 12.16-21).

Qual é o ponto?

O pensamento do fazendeiro rico mudara: "Você tem muitas coisas boas. Elas suprirão suas necessidades por muitos anos. Leve a vida com tranquilidade. Celebre!"

Imagino que ele, outrora, já pensara: *Se ao menos eu pudesse ter um bom ano, com chuvas na medida certa para fazer as sementes brotar.* Ou: *Se eu tivesse alguns anos bons, eu poderia ajudar outras pessoas; alimentar algumas famílias que não têm o suficiente.* Não há dúvidas de que ele trabalhou arduamente, desejando ser bem-sucedido e prosperar. E há uma boa probabilidade de que tenha até mesmo orado para Deus lhe abençoar as colheitas.

O problema não era a construção dos celeiros. De fato, ele precisava deles. Acredito que a razão pela qual tenha sido usado como exemplo de uma pessoa bem-sucedida, que cometeu um erro trágico, é que ele confiou no que possuía, e não em quem o fizera chegar lá. Suas prioridades mudaram; ele parou de pensar em como continuar a ser produtivo no futuro — e até mesmo na eternidade. Passou a olhar para os seus lucros, suas "boas coisas", e esqueceu o trabalho duro, a paixão e a humildade necessária para ir adiante. Acima de tudo, esqueceu-se de que Deus lhe abençoara a existência.

Pelo que Você É profundamente Apaixonado?

As empresas feitas para crescer enfocaram aquelas atividades que lhes acenderam a paixão.[6]
— Jim Collins

Através de extensas pesquisas, Jim Collins descobriu que pessoas, companhias e igrejas que fazem o trabalho pelo qual estão apaixonadas, e focalizam aquilo que apreciam fazer, são as que atingem o nível seguinte.

Procuro levantar-me e lançar-me ao meu trabalho diário, e acredito realmente no que estou fazendo.[7]

"As empresas feitas para crescer não dizem, 'Certo, pessoal, vamos nos tornar apaixonados pelo que fazemos'. Sensatamente, agem de modo totalmente diverso: Devemos fazer apenas aquelas coisas pelas quais nos apaixonamos".[8]

De onde vem a paixão? A sua paixão pode ser viver outro dia, ou criar uma nova e maravilhosa organização, que ajudará centenas de pessoas. Pode ser tornar-se um grande marido, uma grande esposa, pai, mãe, ou patrão. Talvez você seja um pastor que pensa constantemente em maneiras de alimentar os pobres ou alcançar aquelas pessoas que todos ignoram em sua comunidade.

Paixão por ser uma pessoa bem-sucedida, por fazer crescer uma empresa, ou tornar-se uma igreja mais caridosa — e ser o melhor naquilo que fazemos — é uma boa coisa.

Brenda Barnes, diretora da empresa Sara Lee, aconselhou: "Encontre algo pelo qual você tenha uma paixão, e que o fará feliz. Abrace esta paixão, dê-lhe tudo de si, e você será não apenas feliz, mas bem-sucedido".[9]

Dan Amos, diretor da Aflac, contou: "Tenho falado na cerimônia de formatura de algumas universidades, e a minha mensagem é quase sempre a mesma. Digo aos graduados que encontrem o seu tesouro. Por tesouro, não me refiro a dinheiro ou posses materiais; falo de algo na vida pelo qual eles são apaixonados e que perseguem".[10]

Junto com o nosso desejo de ser o melhor, entendemos haver passos que devemos seguir e armadilhas que precisamos evitar. Apatia, complacência, e uma atitude de sustentação do hábito podem, rapidamente, levar embora aquilo pelo que trabalhamos tão arduamente.

É a paixão que nos dá energia, determinação e diligência para alcançarmos a nossa meta. A paixão pelo que fazemos é o oposto da complacência.

O autor de Provérbios escreveu: "Não havendo bois, o celeiro fica limpo, mas, pela força do boi, *há abundância de colheitas*" (Pv 14.4, grifos do autor).

O "status quo" é uma armadilha comum. Sentir-se satisfeito com o sucesso e feliz por manter "o celeiro limpo" pode impedir-nos de alcançar o próximo nível, isto é, de vencer a batalha.

O perigo de nos sentirmos confortáveis com as nossas realizações é que podemos facilmente mudar para um modo de manutenção. Podemos perder a visão e a compaixão, e deixarmos de sonhar e de perseguir a meta. Muitos param de aceitar riscos calculados; o elemento fé passa a dar lugar ao "fazer apenas o que é seguro".

Sem fé, trabalho árduo e paixão por nossos sonhos, guerras são perdidas... times não chegam ao topo... igrejas não crescem... não alcançamos a visão que Deus nos deu.

Não podemos nos dar ao luxo de permitir que a complacência ou a simples manutenção se tornem a nossa atitude na vida. Que proveito há num "celeiro limpo", se ele não é produtivo?

Em todo o mundo, a história revela que as igrejas cristãs têm-se enchido com homens e mulheres que aceitam grandes riscos; e muitos dão a própria vida por aquilo em que acreditam. Os heróis da fé atestam que para se realizar qualquer coisa significativa, requer-se sofrimento, lágrimas e sacrifícios. Não podemos nos contentar com o nosso sucesso. A nossa missão, o nosso propósito na vida, e a certeza de que prosperaremos são importantes demais para que os deixemos passar.

Ser bem-sucedido naquilo que fazemos é uma dádiva; mas precisamos ter um sucesso saudável. A arrogância pode intrometer-se sem que percebamos, e podemos parar de fazer aquelas coisas que nos ajudaram a chegar onde estamos. A complacência pode vir do orgulho, e o orgulho é capaz de arrasar tudo aquilo pelo que trabalhamos tão denodadamente.

Em *Heart of a Coach* [O Coração de um Técnico], Chip Mehaffey comenta:

> Como técnico de basquetebol de uma turma do Ensino Médio, tenho observado que, após uma série de vitórias, meus jogadores começam a acreditar-se melhores do que realmente são. Esta autoconfiança excessiva pode levar a derrotas frustrantes. Contudo, uma maré de derrota produz uma espécie de imagem no espelho: o time perde a confiança em suas habilidades.
>
> Para evitar tanto uma quanto a outra, enfatizo aos meus jogadores que focalizem o que está à frente, e não no passado. Após cada jogo, digo-lhes: "A temporada começa amanhã". Isto os ajuda a lembrar aquilo em que, como um time, podemos nos tornar.[11]

---

[1] Legendlnc.com; Success archives.

[2] David Welch: "Why Toyota Is Afraid of Being Number One," (Por que a Toyota Teme ser a Número Um), Business (5 de março, 2007); p. 4.

[3] Ian Rowley: "Fighting to Stay Humble," (Lutando para Permanecer Humilde), Business *Week* (5 de março, 2007); p. 50.

[4] www.legendinc.com/Pages/ArchivesCentral/Quote Archives/Success.html.

[5] Jim Collins, *Good to Great* (Nova York: Harper Business, 2001), p. 108.

[6] Ibid., p. 96.

[7] Ibid., p. 96.

[8] Ibid., p. 109.

[9] *USA Today* (21 de maio, 2007); p. 7B.

[10] Ibid.

[11] Chip Mehaffey, *Heart of a Coach, encontrado em Christianity Today International/Men of Integrity* (Julho/Agosto, 2008).

Preocupado "COMIGO"

CAPÍTULO 3

Seja um bom ouvinte. Seus ouvidos nunca o meterão numa encrenca.[1]
– Frank Tyger

O homem desceu do metrô de Washington, D.C., na estação L'Enfant Plaza, e pôs-se junto à parede, perto de uma lixeira. Ele vestia uma camiseta de mangas longas, calça jeans, e um boné do time de beisebol Washington National. Tirou um violino de um estojo comum, deixou o estojo aberto no chão, pôs dentro dele alguns dólares, e começou a tocar.

O trânsito matinal de pedestres era pesado, e muitos se apressavam para o trabalho; provavelmente, funcionários do governo. L'Enfant Plaza fica no meio da Washington federal. A maioria das pessoas era burocrata: consultores, gerentes de projetos, especialistas.

Durante 43 minutos, ele tocou seis peças clássicas. Nesse breve tempo, 1.097 pessoas passaram por ele. A sua música não foi notada; poucos pararam. O trabalho e o dia estavam-lhes na mente. Preocupações com tarefas, desafios ou oportunidades têm um modo de ocupar-nos o foco.

Algumas das pessoas podem ter apreciado por um curto instante o som preciso e perfeito do violino. Algumas devem ter-se irritado ou pensado: *Por que este cara não arranja um trabalho de verdade, como todo mundo?*

Outros podem ter tido a rápida ideia de que *este rapaz poderia ser realmente bom — caso se dedicasse um pouco a isto.*

O violinista parado junto à parede nua, enquanto centenas de pessoas passavam por ali, era Joshua Bell, de 39 anos, um dos músicos clássicos mais admirados do mundo, tocando algumas das mais refinadas peças já compostas, num Stradivarius de 3,5 milhões de dólares.

Gene Weingarten comentou: "Joshua Bell rotineiramente enche as salas de concertos em todo o mundo. Mas quando os transeuntes da hora do *rush* têm a oportunidade de ouvi-lo de graça, sequer fazem uma pausa para escutá-lo."

O jornal*Washington Post* estava fazendo uma experiência em contexto, percepção e prioridades.[2]

Seja pronto para ouvir (Tg 1.19).

A preocupação diária e a nossa escolha em *não ouvir* aqueles à nossa volta podem fazer com que deixemos passar algumas pessoas — e oportunidades —especiais. O perigo de não ouvir pode estar na possibilidade de não atentar para algo crucial. Podemos não perceber uma ideia brilhante, não perceber um novo e maravilhoso talento, ou deixar escapar a solução que procurávamos.

Em que conversa fingíamos estar envolvidos, enquanto nos preocupávamos com os próprios pensamentos? Que momentos escolhemos ignorar, quando, por um breve instante, poderíamos ter ganhado uma tremenda inspiração, ou descoberto um talento singular de uma pessoa? O que perdemos de nossos filhos, cônjuges, empregados, patrões, ou amigos, por não estarmos ouvindo? Estar no topo pode levar-nos a não pensar em mais nada além de nós mesmos.

Minha esposa e eu estávamos na Inglaterra, quando presenciamos um surpreendente acontecimento. O programa de televisão "Britain's Got Talent" estava procurando por alguém para representar a rainha no Royal Variety Performance.[3] O vencedor receberia 250 mil libras.

Paul Potts, um vendedor de celulares no País de Gales, pisou humildemente no palco, usando um terno barato, um corte de cabelo ruim, e pouca expressão facial. Seu físico baixo e acima do peso causaram reações iniciais negativas na audiência. Simon Cowell, o jurado notoriamente crítico, e o imenso auditório olharam para o bravo ator e, rapidamente, analisaram-no como um pretendente sem chance. Ninguém esperava uma performance de qualidade.

Paul Potts havia passado por muitos problemas de saúde. Um apêndice supurado, um grande tumor na glândula supra-renal, e uma clavícula quebrada numa queda da bicicleta — quando ia para o trabalho — fazia parte de sua maré de má sorte.

Fitando os olhos dos jurados, ele começou a cantar "Nessun Dorma", tornada famosa por Luciano Pavarotti. A voz parecia surreal. O diapasão era perfeita. Imediatamente, todos passaram a escutar. O queixo de Simon Cowell caiu, os outros jurados olhavam abismados, e as lágrimas rolaram pela face de um deles. Seus corações achavam-se pasmos e profundamente comovidos.

Potts recebeu a ovação de um auditório de 2.000 pessoas, que o aplaudiram de pé, no Cardiff's Millennium Centre, e o elogio do júri, que incluía o ex-editor de tablóide, Piers Morgan, e a atriz Amanda Holden.

Potts relatou: "Ouvi dizer que alguns dos ouvintes desfizeram-se em lágrimas, e que Amanda diz que os cabelos de sua nuca arrepiam-se quando ela se lembra."

Algumas semanas mais tarde, diante de 13 milhões de espectadores, ele parecia um pouco diferente. As pessoas disseram que passaram a ver e ouvir Paul Potts com olhos e ouvidos diferentes. Agora, enxergam-no além da aparência, roupa, corte de cabelo, etc., e ouvem apenas a ele. Ele roubou a cena, e naquela noite ganhou todo o dinheiro. Sua vida foi para sempre mudada.

Quantos Paul Potts existem por aí? Demasiadamente rápido, *analisamos* as pessoas por sua estatura, vestimenta, raça, ou renda.

De onde vem o potencial?

Qual é o dom singular possuído por seu filho, filha, ou funcionário? Você já notou? Tornamo-nos preocupados com o *nosso* sucesso? E, talvez, com as falhas *deles*? Podemos deixar passar despercebido o talento daqueles mais próximos de nós.

Todo Líder Pode Aprender a Ouvir

Note como Deus ouve as pessoas, e observa o potencial e o provável talento. Lendo a Bíblia, parece haver um princípio consistente que guia os olhos de Deus quando Ele escolhe alguém para líder. Deus olha além do físico e enxerga os motivos e os pensamentos profundos, e ouve os desejos do coração da pessoa.

> *Não atentes para a sua aparência, nem para a altura de sua estatura, porque o tenho rejeitado; porque o Senhor não vê como vê o homem. Pois o homem vê o que está diante dos olhos, porém o Senhor olha para o coração (1 Sm 16.7).*

O primeiro rei de Israel cometeu o trágico engano de se preocupar mais com a opinião do povo que com o fato de estar desobedecendo ao que Deus lhe ordenara.

Saul usou as palavras de incontáveis líderes: "Temi o povo e dei ouvidos à sua voz" (1 Sm 15.24).

Sem dúvida, a pressão da multidão, de nossos amigos ou funcionários pode afetar-nos. Podemos desviar o foco e entrar em pânico, ou perder a perspectiva. Foi assim com Saul. Como resultado, Deus escolheu outro líder, em cuja obediência podia confiar.

O líder espiritual daqueles dias era Samuel. Ele afligiu-se com a decisão de Saul em tornar-se arrogante e assumir o controle de tudo. Contudo, Deus recordou a Samuel que ele precisava superar aquilo e seguir adiante. Um líder não pode liderar efetivamente se tiver motivos egoístas e optar por não fazer o que sabe ser certo.

Deus arguiu Samuel: "Até quando terás dó de Saul, havendo-o eu rejeitado, para que não reine sobre Israel?" (1 Sm 16.1).

Samuel começou a procurar o segundo rei da nação judaica. Deus o instruiu a ir até a família de Jessé, em Belém, onde encontraria o rei. Jessé tinha sete filhos. Eliabe era o mais velho; Abinadabe, o segundo; Sama, o terceiro. Samuel pensou que o mais velho, Eliabe, fosse naturalmente o escolhido. Normalmente, o filho mais velho tinha grandes responsabilidades e, naquele tempo, recebia a maior parte da herança, das bênçãos e dos encargos, quando morria o pai.

Não obstante, Eliabe não era a escolha de Deus; nem Abinadabe, nem Sama, ou qualquer dos outros três filhos seguintes. Samuel não se sentiu confortável com a escolha natural de nenhum desses filhos de Jessé. O pai pensava que um dos seis, obviamente, agradaria a Samuel. Os dois homens tinham opiniões pré-formadas. As nossas escolhas na vida podem facilmente ser predeterminadas por suposições; geralmente fazemos a agenda antes de ouvir.

Samuel indagou a Jessé: "Acabaram-se os jovens?" "Ainda falta o menor, e eis que apascenta as ovelhas", respondeu o pai. Foi como se Jessé dissesse: "Tenho outro menino, ainda muito novo e imaturo, e ele cuida das tarefas mais fáceis, olhando as ovelhas".

Jessé pode ter pensado: *Meu filho mais velho é a escolha óbvia.* Ou, *Que diferença faz se o jovem Davi não está aqui? Simplesmente escolha um dos meus meninos que se acham nesta sala.*

A facilidade do óbvio pode causar-nos a perda do melhor de Deus. Samuel exigiu de Jessé:

> *Envia e manda-o chamar, porquanto não nos assentaremos em roda da mesa até que ele venha aqui. Então mandou em busca dele e o trouxe (e era ruivo, e formoso de semblante, e de boa presença). E disse o Senhor: Levanta-te e unge-o, porque este mesmo é (1 Sm 16.11,12).*

A escolha de Deus era diferente do que Jessé e Samuel supunham. Entretanto, Samuel ouvia enquanto observava. Ele esperou até ouvir a palavra de "aprovação".

Estamos ouvindo aqueles à nossa volta? As pessoas geralmente se comunicam sem palavras. Os membros de nossa família sinalizam o tempo todo. Nossos empregados, patrões, colegas de trabalho, membros da igreja e pastores acham-se continuamente em comunicação.

Encontrarei, hoje, com pessoas que falam demais – pessoas interesseiras, egoístas, ingratas. Mas não me surpreenderei nem ficarei perturbado, porque não posso imaginar um mundo sem tais pessoas.[4]

— Marco Aurélio, imperador romano.

Ouvir significa ler a linguagem corporal, escutar as palavras e os tons da voz, e usar a intuição. Todos possuímos um "terceiro ouvido", que escuta a comunicação, concentrando-se em mais que simplesmente palavras. Se formos cuidadosos no prestar atenção, entenderemos com grande acurácia o que os outros estão realmente dizendo, ou tentando dizer.

Dez Sugestões sobre o Ouvir

- **Saiba que o maior desejo das pessoas, ao conversar, é falar de si mesmas.**

Muita gente, talvez a maioria, é solitária. Poucas pessoas têm alguém que realmente as ouvem e prestam atenção ao que dizem. Elas desejam falar de suas vidas, seus gostos e seus pontos de vista. Quando as deixamos fazer isto, facilitamos a conversa. Os líderes também são solitários.

"Responder antes de ouvir é estultícia e vergonha" (Pv 18.13).

• **Entenda que ouvir exige disciplina e concentração.**

O nosso cérebro processa, literalmente, os pensamentos, ao menos quatro vezes mais rápido do que as palavras que estamos ouvindo; assim, há muito espaço para enfado. Use este período de atenção extra para ouvir o que as pessoas não estão falando com palavras, mas expressando com a linguagem corporal: o movimento dos olhos, lábios e mãos. A intuição — inteligência emocional — é um dom que todos possuímos.

• **Estabeleça um terreno comum.**

Por exemplo, se a pessoa é de Washington, converse sobre às vezes em que você esteve em Washington (se lá já esteve), ou sobre como a cidade é bonita. Se ela sofreu uma perda, fale brevemente de uma perda que você já experimentou.

• **Diga coisas amáveis e generosas ao seu interlocutor.**

Fale de como o lar dele é bonito, ou ofereça cumprimentos sobre outras coisas. Se a pessoa reagir negativamente aos elogios, mude para outra área não ameaçadora, como o que ela gosta de fazer nas horas livres.

Interesse-se pela vida, como você a percebe; as pessoas, as coisas, a literatura, a música — o mundo é tão magnífico, simplesmente palpitando com ricos tesouros, belas almas, e pessoas interessantes. Esqueça a si mesmo.[5]

— Henry Miller

• **Faça comentários concisos.**

Quando lhe perguntarem de onde você veio, não responda com uma exposição longa e detalhada sobre os lugares onde esteve. Fale dos detalhes apenas se a pessoa lhe indagar por eles. Lembre-se de que a conversa é sobre ela — e não você.

• **Volte aos mesmos princípios assim que possível.**

Peça que a pessoa lhe explique como é o trabalho dela. O que é importante para ela? Que pensamentos, ideias, mudanças e sonhos ela tem, concernente à carreira e à vida?

• **Mantenha o foco longe de si.**

Não se gabe, a não ser para fazer graça. Não conte às pessoas quanto dinheiro você ganha, nem o quanto o seu carro e a sua casa são caros. Lembre-se de que a ostentação geralmente faz os outros sentir-se inadequados ou defensivos. Não diga às pessoas como você é "legal". Ninguém aprecia o vaidoso. Ninguém gosta de se sentir menor, comparado a outrem.

- **Lembre-se de que você é alguém normal, conversando com uma pessoa normal.**

Ambos têm idiossincrasias, desafios e sonhos. Tentar encontrar um ponto de interesse comum será uma atitude afável.

- **Se conversar sobre assuntos correntes, faça-o de modo cordial e amigável.**

Não comece discussões sobre religião, política, ou qualquer outra coisa. Apenas sorria do assunto. E se a pessoa com quem estiver conversando insistir em dizer coisas provocantes, mude o tema.

- **Esteja consciente do tempo e da disposição da pessoa.**

Trate rapidamente dos pontos que achar necessário, e se despeça. O tempo é precioso. As pessoas podem precisar retirar-se por preocupações financeiras, um compromisso, ou outra prioridade importante para ela ou você. O tempo é tudo na vida, e favorecemos as pessoas quando lhes poupamos o tempo.

Ouvir, observar e perceber são habilidades que parecem muito diferentes da agressividade e das ideias pré-estabelecidas.

Gosto do que recomenda a Companhia Ken Blanchard: que os seus gerentes e líderes desenvolvam a habilidade de ouvir quando estiverem trabalhando com os seus funcionários. Eles ensinam um processo deliberado, chamado C- FAR:

Conectar. Conectamo-nos quando construímos harmonia e estabelecemos o contexto. A qualidade essencial da conexão é a franqueza. Para conectar-se de fato, os gerentes devem *ser presentes*. Devem ser um modelo em ações e atitudes. Nesta faze do processo, o administrador deve tornar conhecido que está interessado e que se importa. Isto pode parecer simples, mas todo gerente sabe que nem sempre é fácil distanciar-se da tela do computador, desligar o telefone, e ser plenamente atento. Mostre às pessoas que você se importa, sendo um modelo de "conectivo."

Focar. Focalizamos, quando identificamos tópicos e metas a serem discutidos. A qualidade essencial do foco é a atenção. Para focalizar efetivamente, o administrador deve *estar alerta e focado na outra pessoa, e ser ágil e ajustar o foco conforme necessário.*

Ativar. Para se ativar eficazmente é essencial falar de modo simples e direto, e encorajar os outros a se esforçar para alcançar o próprio potencial.

Embora a tempestade de ideias e a sugestão sejam ações apropriadas, usadas por gerentes treinadores para se atingir metas específicas, a chave elementar é ser claro e transparente sobre as atividades com que devem se envolver, e por qual razão.

Revisão. Podemos revisar, recapitulando a discussão a fim de garantir um claro entendimento. A qualidade essencial da revisão é a diligência. Para revisar de modo eficaz, o administrador deve:

- Obter entendimento sobre os próximos passos e expectativas.
- Encerrar as reuniões revisando e sintetizando as discussões.

Nesta fase final (que é deixada de lado na maioria das conversas), o líder precisa certificar-se de que houve uma nítida concordância a respeito de prazos e atividades. É espantoso o quão frequentemente as pessoas interpretam de modo diverso uma conversa, de acordo com suas próprias agendas e pontos de vista. A disciplina da revisão assegura que ambas as partes concordem plenamente sobre os compromissos. Isto poupa uma enorme quantidade de tempo e evita mal-entendidos ao longo do percurso.[6]

Não deixemos passar despercebidos grandes talentos e necessidades imperiosas só porque decidimos não desacelerar o processo e ouvir a impressão do próprio coração.

O campeão de natação olímpica, Michael Phelps, poderia facilmente ter sido um desses raros talentos que passam sem ser notados. Esse atleta, quando criança, chegou a tomar Ritalin, por causa do Transtorno do Déficit de Atenção. "Ele nunca parava quieto. Jamais calava a boca e não parava de fazer perguntas", conta a sua mãe. "Ele simplesmente queria passar de uma coisa para outra."

Seus pais divorciaram-se quando ele tinha nove anos, e a mãe sentiu-se grata pela estrutura que a natação proveu. Quando Phelps cursava o ensino fundamental, uma professora disse à sua mãe que ele nunca se concentrava em coisa alguma. A mãe discordou. Ela o tinha visto durante a natação. "Ele pode se balançar na borda da piscina enquanto espera para nadar", afirmou a mãe à professora, "mas ele sabe o que quer fazer."

O treinador de Michael, Bob Bowman, entrou em sua vida quando ele estava com onze anos. "Acho que ele viu algo em mim...", admitiu Phelps, "e nunca desistiu de mim, nos bons ou maus momentos. Ele transformou-me de um pequeno nadador de onze anos, que não sabia realmente o que estava fazendo, na pessoa que sou hoje."

Tudo o que a sua mãe sabe é que a natação pôs o seu filho hiperativo num caminho singular. Ele pediu para suspender o Ritalin quando chegou ao ensino médio, principalmente porque não queria ir para a enfermaria da escola todos os dias. A mãe concordou, com a condição de que ele não se agitasse na escola.

O seu treinador tinha, então, preparado um plano para Phelps; um plano com um horizonte distante: as olimpíadas de 2012, focalizando, porém, uma raia de cada vez. Phelps nunca mais voltou a tomar Ritalin.

A sua mãe, Debbie Phelps, reconhece: "A natação foi a zona de conforto de Michael".[7]

Tenho certeza de que muita gente focou em sua hiperatividade e incapacidade de sentar-se quieto, e preocupou-se excessivamente com a possibilidade de ele ser destrutivo aos outros. Sua mãe e seu treinador, porém, olharam mais profundamente e perceberam um talento raro. Eles foram atentos a uma impressão que a maioria deixou passar. Ouviram algo dentro deles dizer: *Este menino pode nadar melhor do que qualquer um na piscina.*

A nossa consciência de estar no topo, de haver conseguido, pode induzir-nos a não notar pessoas maravilhosas, belas, criativas, talentosas, profundas, espirituais, dotadas, e até necessitadas.

Ouvir exige uma tremenda disciplina. A disciplina é um hábito saudável da mente.

---

[1] Citação dos registros diários: Success, Legendinc.com.

[2] Gene Weingarten: "Pearls Before Breakfast", *Washington Post,* 8 de abril, 2007, p. W10.

[3] **N. do E.:** Show promovido em prol de artistas aposentados.

[4] Archibald Hart, *Habits of the Mind* (Dallas, TX: Word Publishing, 1996), p. 45.

[5] Legendinc.Com.

[6] "Performance Coaching: Don't Forget Coaching", Ken Blanchard Companies, *Ignight* (Junho, 2006).

[7] Vicki Michaels, "Built to Swim: Phelps Found a Focus and Refuge in Water" (Feito para nadar: Phelps encontra um foco e um refúgio na água), USA *Today* (1-3 de agosto, 2008); p. 1, 2a.

Egos EQUILIBRADOS

Capítulo 4

O ganho é a margem da perda; a perda é o âmago do ganho. As muitas dificuldades aperfeiçoam o ser; a ausência de dificuldades arruína o ser.[1]
— Lao Tzu

O presidente de uma companhia humanitária marcou um encontro comigo, porque desejava alguns conselhos sobre assuntos conflitantes na área da administração. Ele ouvira falar de algumas de minhas publicações sobre o tema e interessara-se por minha descoberta de que a discordância é a razão primordial para os líderes desistirem de seu trabalho — ou os pastores de suas igrejas. Enquanto patinávamos na superfície introdutória da conversa, procurando conhecer um pouco mais sobre o outro, ele pediu:

— Gostaria que você me dissesse o que eu posso mudar.

— O que você quer dizer com isso? — indaguei.

Ele falou brevemente de sua organização, e então sobre si mesmo, durante uns quinze minutos. Comecei a me perguntar se ele simplesmente queria conversar com alguém que o ouvisse, ou se realmente desejava ser aconselhado. Quando ele parou, perguntei:

— Você quer a minha opinião sobre a sua organização, sobre conflitos na administração, ou sobre você mesmo?

— Sobre todas estas coisas.

Respondi-lhe:

— Embora já tenhamos nos encontrado antes e eu aprecie a sua organização, não o conheço. Não tivemos tempo de nos conhecer. Se houver algo específico, que você gostaria de perguntar-me, terei prazer em conversar a respeito. Existem assuntos conflitantes, ou você está querendo falar de suas ideias de como reorganizar e crescer, bem como de suas metas para a companhia?

Ele, então, introduziu um ângulo diferente, confessando que o seu maior problema era o seu "ego", que ele definiu como orgulho. Afirmou possuir uma "forte autoimagem" e fé nas próprias habilidades, mas o seu ego, às vezes, metia-o em apuros.

— O que você quer dizer com "o seu ego o mete em apuros"? — Perguntei.

Ele sentia que a organização não estava crescendo porque o seu "orgulho" estava sendo julgado por Deus. A evidência era o fato de que ele não tinha renda suficiente para a organização crescer — sem falar na sobrevivência.

Agora a questão tornava-se mais complicada. Estaria ele pedindo a minha opinião sobre como fazer crescer a sua organização, e o que ele poderia fazer para melhorá-la? Ou desejava a minha opinião sobre se o seu "ego" estava inflado, e se eu achava que ele estava financeiramente encrencado por causa disso?

Durante muitos anos, servindo como pastor, como executivo numa organização cristã, e palestrante em todo tipo de evento cristão, ouvi falar frequentemente na questão do "ego".

Ego demais, ego insuficiente (o que é ego?) — onde está o equilíbrio?

Todos temos "ego". Se tentarmos extinguir o ego, paralisaremos a nossa habilidade de crescer e nos tornaremos dependentes da opinião dos demais. Muito daquilo que poderíamos vir a ser perder-se-á nas opiniões dos outros.

Se tivermos ego em demasia, desenvolvemos um orgulho insalubre, que pode ser devastador e destrutivo a nós e aos outros.

Como definir um ego saudável?

Conforme Ken Blanchard enunciou em seu livro, *Lead Like Jesus* [Lidere como Jesus], existe o "ego" que empurra Deus para o canto, e o "ego" que exalta somente a Deus.[2] A maneira como usamos o nosso ego é uma questão diária.

Ego não é certo ou errado. Todos possuímos um. Acha-se ligado a nossas emoções, atitudes, pensamentos, realizações e decisões sobre aonde vamos em nossa vida e em nossas organizações.

Conservar saudável o ego é o nosso desafio. Um ego saudável é um ego equilibrado, e a humildade é o ingrediente chave.

As pessoas com humildade não pensam menos de si mesmas — simplesmente pensam menos em si.[3]
— Les Giblin

Em seu livro *Egonomics: What Makes Ego Our Greatest Asset (or Most Expensive Liability)* [*O Fator Ego — Como o Ego Pode Ser seu Maior Aliado ou seu Maior Inimigo*], Steven Smith e David Marcum escrevem sobre a necessidade de um ego equilibrado em nossa vida pessoal e em nossa carreira. Durante dez anos, Smith pesquisou a respeito do ego em demasia e o que ele pode prejudicar numa organização ou numa pessoa. Ele estima que o ego exagerado custe a uma companhia (ou igreja) 6 a 15% de seu rendimento anual (alguns acreditam que tal estimativa seja muito conservadora). Para as igrejas, podem ser 6 ou 15% de seus frequentadores.

Num blog que tratava da opinião de Smith sobre ego e sucesso, foi-lhe indagado: "O que vem primeiro: o grande ego ou o sucesso?"

"Primeiro", replicou ele, "há uma diferença vital entre grande ego e grande ambição. As pessoas bem-sucedidas começam, geralmente, com uma grande ambição e grandes ideias, e um ego normal ou saudável. Esse ajuste de ambição, ideias, e ego saudável levam-as ao sucesso. Não obstante, se não forem cuidadosas, o seu sucesso cria a ilusão de que o alcançaram sozinhas. E quanto mais publicamente visíveis elas forem, mais acreditam nas manchetes que atribuem o sucesso somente a elas.

"Uma vez que a pessoa atribua a si mesma todo o sucesso, o seu ego cochicha-lhe o quão grande ela é, e qualquer coisa que ela pense ou faça será igualmente grande. É então que o ego saudável transforma-se em ego exagerado, e é difícil convencer-nos de que não é simplesmente por causa de nós, uma vez que a nossa autobiografia reforça que fomos nós quem o fizemos".[4]

Vemos os efeitos da "egolatria" em organizações, igrejas, famílias e vizinhanças. Como uma pessoa bem-sucedida, certamente desejamos evitar todas as armadilhas de ser alguém assim.

Com a possibilidade de o nosso sucesso trazer na bagagem um "grande ego", o que é um ego saudável? E como encontrar o equilíbrio e conservá-lo por toda a vida?

Os autores de *Egonomics* acham que a confiança genuína não precisa mostrar-se para "provar" sua segurança. "O ego saudável impede-nos de pensarmos demasiadamente alto ou demasiadamente pouco de nós mesmos, e recorda-nos o quão longe chegamos, enquanto, ao mesmo tempo, ajuda-nos a ver o quão perto estamos daquilo que podemos ser".[5]

Antes de ser quebrantado, eleva-se o coração do homem; e, diante da honra, vai a humildade (Pv 18.12).

Para entendermos o que é o ego saudável, é preciso compreendermos a relação entre ego e humildade.

Algumas tradições asseveram que o oposto do ego excessivo é a confiança zero ou pouquíssima em nossa "pura habilidade" e em nosso ego (ele apenas nos meterá em encrenca). A verdade, porém, é: Ter um ego demasiadamente pequeno é tão perigoso e improdutivo quanto ter um ego exagerado.

Quando atingimos o equilíbrio entre ego e humildade, somos genuinamente confiantes. O ponto ideal é o meio da estrada — não muito à esquerda sem ego, e evitando a direita com ego demais, o que evoluiria para a arrogância e o orgulho.

Em *Egonomics*, isto é chamado de *equilíbrio do ego*. "Uma vez que há uma tendência natural a nos desviarmos do equilíbrio quando nos movemos só à direita ou só à esquerda, adquirimos falsa confiança, e o ego nos controla. Consequentemente, as nossas forças mudam em falsas fraquezas, como alguém que era apaixonado e então se torna um zeloso extremado, ou, se éramos enérgicos, tornamo-nos inflexíveis. Pensamos que é a mesma coisa, mas não é, e todos à nossa volta notam a diferença".[6]

Se a humildade é o meio de manter o ego em equilíbrio, como nos tornarmos bem-sucedidos em nosso ministério, carreira, negócios e na vida em geral?

Como diferençar entre ser demasiadamente assertivo, agressivo ou exagerado em nossas metas, e ser uma pessoa motivada pela humildade, com uma forte ética do trabalho, tendo metas sólidas?

"A humildade é o ponto de equilíbrio entre ego demais e ego insuficiente".[7]

Smith defende que a humildade tem a reputação de ser o contrário do ego excessivo. De fato, o exato oposto do ego exagerado é a total falta de confiança. A humildade provê o equilíbrio crucial entre os dois extremos.[8]

Na tentativa de entender como boas companhias, igrejas e pessoas passam do bom para excelente, Jim Collins (Good to Great) descobriu que a humildade é uma das duas únicas características que fazem distinção entre os líderes capazes de conduzir bem uma companhia e aqueles que fazem de suas companhias grandes realizadoras no mercado.[9] Igrejas, organizações e pessoas em fase de desenvolvimento, que compreendem este princípio, crescem mais "ampla e profundamente".

Collins notou que os líderes que elevaram suas companhias à excelência, e sustentaram este nível por mais de 15 anos, fizeram-no dentro do mesmo mundo competitivo em que se encontravam todos os demais. A humildade é o fator que sobrevive enquanto fazemos o que fazemos num mundo grandemente competitivo.

Entender o significado de humildade (para nós pessoalmente) é algo que, geralmente, leva a vida inteira. Conheço pessoas que parecem ter esta área de suas vidas sob controle; outras podem nunca vir a consegui-lo. Para Moisés, provavelmente foram necessários 40 anos ou mais; para o rei Saul, a falta de humildade parece ter sido o veneno que lhe pôs fim à vida. Podemos humilhar a nós mesmos, ou esperar que a vida nos humilhe. A humildade é uma decisão diária (às vezes, horária).

Decidimos apreciar nossas habilidades, bênçãos, carreira e realizações, com o entendimento de que Deus (e um monte de gente) ajudou-nos a nos tornarmos o que somos — ou podemos deixar a vida (fracasso, doença, rejeição, demissão, nossa decisões inadequadas, nossas falhas morais, acidentes e angústias) humilhar-nos. Até um "perp walk" (desfile do acusado) pode ser empregado para humilhar alguns.

O Perp Walk

A expressão "perp walk" (Desfile do Acusado) encabeça o vocabulário de muitos líderes. Ela descreve a ação da polícia, da mídia, de uma organização ou igreja expondo um acusado ou prisioneiro diante do público (às vezes, algemado). Ela traz temor, ansiedade, horror, e um sentido de advertência.

Quando o governador de Nova York, Elliot Spitzer, acompanhado de sua esposa, Silda, esteve diante do "mundo" na CNN, FOX, no *New York Times*, e perante dezenas de outras câmeras, as pessoas gritavam-lhe perguntas sobre a sua ligação com uma prostituta de alto custo. Spitzer teve o seu "*perp walk*". O "xerife da Wall Street" e "advogado do povo" fizera exatamente a mesma coisa pela qual processava os outros.

O rei Davi teve um *perp walk* quando o profeta Natã confrontou-o sobre o seu caso com Bate-Seba e o assassinato do marido dela. Davi admitiu suas faltas e pagou o preço. Ele reconheceu que humilhar-se em vez de endurecer-se era o caminho certo. Foi perdoado, restaurado, e aprendeu as lições da humildade.

Moisés teve o seu "desfile do acusado" quando, pensando estar fazendo a coisa certa, matou o egípcio que espancava um israelita. Ele teve, literalmente, de escapar por sua vida, e ficou afastado da liderança pública por quarenta anos.

Paulo, o apóstolo, trouxe a público o caso de um homem que estava vivendo imoralmente com uma parenta. Paulo ordenou à liderança da igreja que o removesse, a menos que ele mudasse o comportamento. O homem respondeu à humilhação pública fazendo o que era certo e arrependendo-se, e foi restaurado à congregação.

O júri fica de fora quanto à maneira de a pessoa responder, quando atravessando esse tipo de experiência chocante. Os peritos acham que a melhor forma de responder à humilhação pública por um mau procedimento é admitir o erro (confessar o pecado), e fazer o que é certo (arrepender-se e fazer o contrário do que vinha fazendo). Alguns tornam-se amargurados; outros tornam-se melhores.

Scott D. Sullivan começou com excelentes credenciais. Graduara-se pela Universidade do Estado de Nova York em Oswego, em 1983, recebera o prêmio Anniversary Class Award para ex-aluno, em 1998, e logo se tornou um qualificado contador público e o diretor financeiro, tesoureiro, membro do conselho, e secretário do WorldCom.

Ao longo de sua estrada de sucesso, ele decidiu "movimentar" onze bilhões de dólares do WorldCom, por meio de fraude contábil (até então, o maior escândalo dessa espécie na história dos USA). Ele foi exposto ao mundo (seu perp walk), e logo entrou com uma confissão de culpa e foi sentenciado a cinco anos de prisão, como parte de um acordo no qual testemunhou contra seu antigo chefe, Bernard Ebbers, diretor do WorldCom, que recebeu uma sentença de 25 anos.

Noutro noticiário estava John Rigas, de 78 anos, fundador da Adelphia Comunications Corporation, que em seu auge fora uma das maiores operadoras de televisões a cabo dos Estados Unidos. Ele era também o proprietário majoritário da franquia Buffalo Sabres, da Liga Nacional de Hockey. Rigas, que era filho de imigrantes gregos, seguiu um caminho que o fez rico da noite para o dia e... depois a ruína.

Rigas teve o seu primeiro emprego aos nove anos, como ajudante de garçom, e depois de completar o ensino médio alistou-se no exército americano, onde, em 1943, foi posto numa divisão da infantaria armada, vindo a participar do combate na França.

Bacharelou-se em administração com muitas honras, obtendo inclusive diplomas honoríficos de três universidades. Como fundador da Adelphia, ele ajudou a lançar linhas de produtos como internet de alta velocidade e telefone a longa distância.

Rigas foi forçado a renunciar à sua posição de diretor em maio de 2002, acusado de fraude bancária, securitização e escuta telefônicas ilegais. Seus filhos, Timothy e Michael (e outros) também foram acusados de participação no esquema. A acusação contra eles foi a de roubarem a corporação, ocultando 2,3 bilhões de dólares em passivo dos investidores, e de usarem os fundos da corporação como sendo pessoais.

John Rigas e seu filho Timothy estão na cadeia. Não sei como a experiência lhes afetou o ego, mas é certo que o seu "desfile do acusado" perante o mundo foi humilhante.

Steve Jobs, fundador da empresa Apple, pareceu reagir bem à sua "brecada". Quando foi forçado a deixar a Apple, a vida começou a humilhá-lo através de seus problemas de saúde, da perda da reputação, bem como da perda do que ele havia criado. Muitos acham que Steve saiu do pesadelo com um ego mais saudável, porque a vida o humilhara e ele aceitara as lições.

Em um discurso numa formatura da Stanford (referindo-se ao seu retorno à Apple, iPod, and iTunes), ele declarou: "Estou certo de que nada disso teria acontecido, se eu não houvesse sido afastado da Apple. Foi um remédio de gosto horrível, mas acredito que o paciente precisava dele".

Desde sua volta à Apple, ele tem sido destacado na capa da revista Fortune. O anúncio de página dupla dentro da revista mostra seis ou sete pessoas sentadas perto de Steve. Ele parece haver entendido que o seu sucesso não se deve somente ao seu talento, inteligência e engenhosidade, mas também aos muitos outros que trabalham ao seu lado, com todos os seus dons colaborativos combinados. Os esforços, a combinação de habilidades e as metas fizeram da companhia o que ela é. Muita gente percebe que Steve é agora um líder muito melhor.

Ego Pequeno Demais?

E quanto ao contrário? Podemos ser da opinião de que é bom não ter ego e evitá-lo totalmente — inclinando-nos ao ego insuficiente?

Alguns acreditam que é preciso extirpar todo o ego. Isto pode meter-nos em dificuldade, também, uma vez que o ego não é errado em si mesmo (na verdade, é bom). Não obstante, manter um ego saudável, humilde e equilibrado é a meta que devemos atingir.

Em seu livro *Egonomics,* Smith e Marcum falam do "ego insuficiente", que eles chamam de o lado "primário" do ego, onde necessitamos tanto da aprovação e da aceitação dos outros, que tomamos decisões que não tomaríamos, se nos sentíssemos confiantes quanto a quem somos.

"A falta de ego suficiente coloca os outros no assento do condutor de nossa autoconfiança, e começamos a ajustar nossos pensamentos e ações ao que, acreditamos, será endossado pelos demais; fazemo-nos agradáveis e não expomos o que está em nossa mente".[10]

Quando o nosso desejo de aceitação é salubre, a aceitação e o respeito ainda nos são importantes, mas não são a nossa necessidade primordial.

Penso da seguinte forma: Imagine-se sentado na gangorra do parque com a sua esposa (ou um amigo). Ambos sabem que peso demais em uma ponta fará a gangorra inclinar-se para aquele lado e bater no chão. A diversão e o objetivo desse brinquedo é tentar encontrar o peso equivalente que o manterá em equilíbrio.

O ego funciona de modo muito semelhante. Se o peso de nossa vida for demasiado sobre o lado do ego, ele penderá para o orgulho — com todas as suas consequências. Se pesarmos demais sobre o lado do ego com um baixo nível de confiança, atingiremos o chão e seremos inseguros em tudo o que fizermos. Precisaremos desesperadamente da opinião alheia antes de poder funcionar. Podemos nos tornar guiados por outros, e não por nosso único Deus, que nos concede dons e habilidades. Tanto o ego excessivo quanto o ego insuficiente podem ser devastadores. Um ego saudável, que é governado pela humildade genuína, manterá em equilíbrio a nossa vida e a nossa carreira.

Sejamos Advertidos ao Ver outros Caírem

Tenho conversado com centenas de pessoas que entraram em dificuldades com sua organização, igreja, empresa, e/ou família, por causa de decisões erradas ou pecaminosas. Quando elas estão me contando suas histórias, fico pensando em como a maioria delas parece normal, e — *se não fosse pela graça de Deus, o mesmo poderia acontecer comigo.*

As conversas envolvem temas emocionais, desequilíbrio da vida, insegurança, bem como os devastadores comportamentos de adultério, má conduta sexual, violações éticas, uso inapropriado de fundos (extorsão), uso de drogas, molestamentos, e outros. Enquanto conversamos, procuro descobrir o ponto onde tudo começou.

O seu padrão teve início quando eram crianças? Foram injuriados por um adulto, um dos pais, um irmão ou irmã, ou uma pessoa de preponderância? Foram influenciados pela pornografia, por um professor, amigo, vizinho, etc.? Teria sido o orgulho que cresceu e lhes deu a sensação de terem direito àquilo? Mentiram a si mesmos racionalizando que poderiam escapar?

Como tudo começou?

Até sabermos como iniciou, é difícil consertar e restaurar as coisas. Só então poderemos reconhecer (confessar) e entender como evitar e superar a dolorosa experiência da falsidade, que começou em algum ponto de nossa vida.

O que aconteceu à maioria das pessoas bem-sucedidas que fracassaram foi que um ego inflado (orgulho) empurrou-as do equilíbrio para o desequilíbrio. Por um longo tempo, o ego inflado estivera à espreita. Além disso, a falta de confiança em quem são, nos dons que possuem, e na bênção de Deus leva muita gente boa a tomar decisões que lhes arruínam a vida. A insegurança também pode ser perigosa.

Tais atitudes são mais antigas que a existência humana sobre a terra (Adão e Eva), e difundem-se em cada geração, cada nação e organização.

Satanás já foi Lúcifer. Ele era um dos mais talentosos anjos de Deus, mas deixou que os seus talentos evoluíssem para o orgulho. Julgou-se tão bom quanto Deus que o criara, e até convenceu outros anjos (demônios) de sua opinião. "E tu dizias no teu coração: Eu subirei ao céu e, acima das estrelas de Deus, exaltarei o meu trono, e no monte da congregação me assentarei, da banda dos lados do Norte. Subirei acima das mais altas nuvens e serei semelhante ao Altíssimo" (Is 14.13,14).

Alguns reis disseram a si mesmos que tudo o que realizaram fora por causa de sua habilidade, e isto custou-lhes a sua posição. "Mas, havendo-se já fortificado [Uzias], exaltou-se o seu coração até se corromper" (2 Cr 26.16). Ao longo das gerações, muitos líderes não têm reconhecido que a bondade de Deus lhes enriqueceu a vida; ao contrário, orgulham-se no íntimo a respeito de quem são.

> *Mas não correspondeu Ezequias ao benefício que se lhe fez, porque o seu coração se exaltou; pelo que veio grande indignação sobre ele (2 Cr 32.25).*

Muita gente bem-sucedida olha com arrogância as suas realizações e dizem a si mesmas que tudo o que conquistaram deve-se à sua engenhosidade e ao seu poder, e é para a sua "glória". O rei Nabucodonosor ponderou: "Não é esta a grande Babilônia que eu edifiquei para a casa real, com a força do meu poder e para glória da minha magnificência?" (Dn 4.30). Ele acabou ficando louco e comendo grama. Contudo, Deus concedeu-lhe uma segunda oportunidade, quando ele se humilhou.

Herodes ordenou a morte do primeiro mártir apostólico, Tiago, e então aprisionou Pedro. O convencimento de Herodes — de que era mais poderoso que os líderes de Deus — e a sua desonra a Deus tornaram-se a sua sentença de morte. "E, num dia designado, vestindo Herodes as vestes reais, estava assentado no tribunal e lhes dirigiu a palavra. E o povo exclamava: Voz de Deus, e não de homem! No mesmo instante, feriu-o o anjo do Senhor, porque não deu glória a Deus; e, comido de bichos, expirou" (At 12.21-23).

A história deveria bastar para nos recordarmos de que o orgulho apenas nos porá em dificuldades (o presidente Clinton, o governador Spitzer, Ken Lay, os pastores Ted Haggard e Jimmy Swaggart, etc.). Juntamente com essas atitudes, desenvolvemos a sensação de "ter o direito"; achamos que o nosso procedimento não será notado, que podemos dividir em compartimentos o nosso pensamento orgulhoso e as nossas decisões erradas, e levar uma vida dupla (Conheça meu livro, *Why Great Men Fall* [Por que Grandes Homens Caem]).[11]

Todos já ouvimos que precisamos aprender com nossos erros, no entanto, creio que é mais importante aprender com nossos sucessos. Se aprendermos apenas com nossos erros, ficaremos propensos a aprender somente os erros.[12]
— Norman Vincent Peale

Como Encontrar o Equilíbrio?

Em seu livro *Egonomics,* Steven Smith e David Marcum apontam quatro sinais de advertência, que nos avisam quando perdemos o equilíbrio.

A pessoa *torna-se defensiva de suas opiniões e decisões, e constantemente compara-se aos outros* (empresas, igrejas, outros líderes); *busca aceitação continuamente* (procura agradar e é guiada pela opinião alheia) e, o quanto possível, *gaba-se de suas realizações.* O resultado é o surgimento da egolatria.

Uma das evidências destes problemas é a opinião que ela tem daqueles que trabalham com ela, de seus competidores, ou simplesmente das outras pessoas em geral. Por exemplo:

- Vê alguém com quem trabalha como se fosse um rival e fica pensando em como "vencê-lo".
- Toma como algo pessoal quando alguém discorda de suas ideias.
- Segue compulsivamente a conduta de um rival, a fim de não fazer nada que ele também não esteja fazendo.
- Critica as estratégias de um concorrente e descarta-as prematuramente como despropositadas.
- Acredita que não merece perder sequer um jogo, um debate, uma conversa, uma promoção, etc., e não é afável nas derrotas.
- Discorda de uma opinião só por causa de quem a emitiu.
- Sente-se pior em sua posição quando vê outros obterem sucesso.

Como achar o centro? Qual o segredo para se viver uma vida equilibrada, bem-sucedida, e governada pela humildade? Podemos contrabalancear a "egolatria" ou a tendência "nada de ego", aplicando algumas das verdades eternas, escritas por um dos homens mais sábios que já viveu. O rei Salomão compreendia como o ego pode lançar-nos em dificuldade e sabia viver uma vida disciplinada. Veja a seguir algumas dicas úteis.

- **Recordar diariamente que o ego de qualquer pessoa pode fugir ao controle. O orgulho pode nos matar; a humildade nos ajudará.**

  "Vindo a soberba, virá também a afronta; mas com os humildes está a sabedoria" (Pv 11.2).

  "A soberba precede a ruína, e a altivez do espírito precede a queda" (Pv 16.18).

  Soberba — o termo grego refere-se a alguém tão cheio de si, que perde a noção de realidade.

- **Compreender que devemos permitir aos outros (inclusive cônjuge e filhos) manifestar-se a nosso respeito, enquanto crescemos, somos bem-sucedidos, e até nos tornamos pessoas admiradas.**

Não havendo sábia direção, o povo cai, mas, na multidão de conselheiros, há segurança (Pv 11.14).

O caminho do tolo é reto aos seus olhos, mas o que dá ouvidos ao conselho é sábio (Pv 12.15).

- **Ser cuidadosos com quem escolhemos para entrar em nossas vidas, com quem nos impressionamos, e com quem passamos o nosso tempo. Padrões emocionais e comportamentais são contagiosos.**

  O justo é um guia para o seu companheiro, mas o caminho dos ímpios os faz errar (Pv 12.26).

Anda com os sábios e serás sábio, mas o companheiro dos tolos será afligido (Pv 13.20).

- **Pesar cada decisão que tomarmos. Por que estamos fazendo o que estamos fazendo, e como isto nos afetará a vida?**

  A testemunha verdadeira livra as almas, mas o que se desboca em mentiras é enganador (Pv 14.25).

- **Avaliar as nossas realizações, indagando: "Quem me ajudou a chegar onde estou, e como posso receber conselhos diariamente sobre o viver bem-sucedido?**

  Confia ao Senhor as tuas obras, e teus pensamentos serão estabelecidos (Pv 16.3).

No início do livro de Provérbios, encontramos: "Provérbios de Salomão... para se conhecer a sabedoria e a instrução; para se entenderem as palavras da prudência; para se receber a instrução do entendimento, a justiça, o juízo e a equidade" (Pv 1.1-3).

Há no livro de Provérbios 31 capítulos. Tente ler um a cada dia do mês.

Humildade *versus* orgulho: achar o equilíbrio guardará as nossas vidas e nossos sucessos futuros.

Anos atrás, fui solicitado a chefiar o setor de aconselhamento e acompanhamento para uma cruzada de Billy Graham, em Tacoma, Washington. Eu sabia que era uma responsabilidade enorme, uma vez que centenas de pessoas respondem às suas mensagens, em qualquer lugar que ele pregue. A minha tarefa era ajudar aquelas pessoas a compreender a decisão que tinham feito, coordenar os voluntários que conversavam com aqueles que respondiam à mensagem, e designar as igrejas que ficariam em contato com os novos convertidos.

Antes do início da cruzada, a minha esposa e eu estávamos numa sala com o Dr. Graham e mais algumas pessoas. Um tanto embaraçados, parecia que não conseguíamos achar um tema de conversa confortável, que se adequasse à ocasião, e a maioria de nós sentia-se intimidada na presença desse homem. A sala estava bastante silenciosa. O Dr. Graham simplesmente se encontrava ali.

Decidi fazer-lhe uma pergunta em que sempre cogitara: "Dr. Graham, em toda a parte aonde vai, no mundo todo, o senhor atrai enormes multidões e obtém imenso retorno. A mídia o procura para entrevistas, e os dignitários e líderes do governo querem o seu conselho. Como o senhor se sente com isto?

Ele olhou-me por alguns momentos e respondeu: "Sinto-me como um verme".

Ele é, possivelmente, o mais bem-sucedido evangelista da história do cristianismo. Ele entende o equilíbrio.

---

[1] http://thebloomingcactus. com/favorite-quotes/.

[2] Ken Blanchard e Phil Hodge, *Lead like Jesus* (Nashville, N: W Publishing Group, 2005).

[3] Les Giblin, How *to Have Confidence and Power in Dealing with People* (Englewood Cliffs, NJ: Prentice-Hall, 1956).

[4] http://blog.guykawasaki.com/2007/09/are-you-an-egom.html.

[5] Ibid.

[6] Ibid.

[7] HVACRBUSINESS, Inside HVACRBUSINESS, Novembro 2007, "Are You Egomaniac?" http://www.hvacrbusiness.com/issue/article/613/are_you_an_egomaniac.aspx.

[8] http://blog.guykawasaki.com/2007/09/are-you-an-gom.html.

[9] Jim Collins, *Good to Great* (Nova York: HarperBusiness, 2001).

[10] http://blog.guykawasaki.com/2007/09/are-you-an-egom.html.

[11] Wayde Goodall, *Why Great Men Fall* (Green Forest, AR: New Leaf Press 2005).

[12] http://www.brainyquote.com/quotes/authors/n/norman_vincent_peale.html.

O que É "NORTE Moral"?

CAPÍTULO 5

Por mais egoísta que alguém possa parecer... existem evidentemente alguns princípios em sua natureza que o fazem interessar-se pela ventura dos outros, e tornam-lhe necessária a felicidade alheia, embora ele nada obtenha dela, a não ser o prazer de contemplá-la.[1]

— Adam Smith

Havia numa cidade dois homens, um rico e o outro pobre. O rico tinha muitíssimas ovelhas e vacas; mas o pobre não tinha coisa nenhuma, senão uma pequena cordeira que comprara e criara; e ela havia crescido com ele e com seus ***filhos igualmente;*** *do seu bocado comia, e do seu copo bebia, e dormia em seu regaço, e a tinha como filha. E, vindo um viajante ao homem rico, deixou este de tomar das suas ovelhas e das suas vacas* ***para guisar para o viajante que viera a ele;*** *e tomou a cordeira do homem pobre e a preparou para o homem que viera a ele (2 Sm 12.1-4; ênfase do autor).*

O que leva uma pessoa bem-sucedida a tirar vantagem de alguém que tem pouco? Por que alguns televangelistas orientam um pobre a enviar-lhe 100 reais, pois assim Deus multiplicará sobrenaturalmente o seu dinheiro, dando-lhe em retribuição 1.000 reais? Por que um patrão prejudica aqueles que para ele trabalham, a fim de se beneficiar ou aumentar suas posses? Qual a causa primária que leva uma pessoa bem-sucedida a jogar com a vida dos que trabalham para ela em sua organização ou igreja? Seria simplesmente porque ela pode?

O rico fazendeiro de nossa história improdutiva possuía mais ovelhas e vacas do que podia usar. Certo dia, um amigo veio visitá-lo. Era costume demonstrar hospitalidade aos visitantes, preparando-lhes uma refeição. Infelizmente, o rico senhor decidiu não matar uma de suas ovelhas para alimentar o hóspede, mas tomar a única ovelhinha que o seu vizinho pobre possuía — e estimava.

Por que o egoísmo? Provavelmente porque ele achava que lhe seria vantajoso, e esperava safar-se facilmente.

A história foi criada como um exemplo daquilo que fizera o rei Davi. O seu amigo e conselheiro, Natã, resolveu contar-lhe essa história de abuso para exemplificar como uma pessoa rica e próspera pode tirar vantagem de alguém menos afortunado, e, com isto, causar um choque à consciência de Davi.

Deus queria que Davi concluísse como era errado tal comportamento. Ele era a pessoa que, egoisticamente, tomara algo do vizinho e tornara-se entorpecido, não percebendo a semelhança de sua atitude e não dando importância às suas ações.

Urias, o vizinho do rei Davi, era um fiel soldado e líder no exército de Davi. A pessoa mais querida de sua vida era Bate-Seba, a sua esposa.

O rei já tinha muita satisfação com suas esposas, e poderia ter saciado o seu desejo sem ferir outra família. No entanto, decidiu tomar de alguém que tinha tão pouco. Davi cometeu adultério com Bate-Seba, e ela engravidou.

Urias era leal e dedicado. Sua devoção e confiança em seu rei eram singulares. Davi sabia disso, e mesmo assim apropriou-se do que era dele.

Ao descobrir que a sua "única noite" resultara em gravidez, Davi tentou encobrir tudo, oferecendo a Urias uma oportunidade de dormir com Bate-Seba. Quando não conseguiu convencer Urias a retornar da guerra e dormir com a esposa, decidiu matá-lo, achando que assim encobriria o seu segredo embaraçoso.

Davi arrependeu-se e Deus o perdoou por esse pecado, mas ele sofreu angústias tremendas quando o bebê morreu. Subsequentemente, Davi teve anos de agonia, quando os seus filhos passaram a viver de modo irresponsável; durante algum tempo, ele perdeu a sua prestigiosa posição. Ele recebeu o perdão, porém Deus o fez lembrar-se.

O assassinato do marido de Bate-Seba foi uma ação terrivelmente má; uma ação de alguém que faria qualquer coisa a fim de parecer bom — ou inocente. A inocência e a lealdade de Urias eram notáveis. Davi não tirou dele apenas aquilo que lhe era mais precioso, mas tirou-lhe tudo, inclusive a vida.

Uma concessão desonrosa, ou um equívoco da consciência, leva a novas fraudes. A espiral desce cada vez mais fundo, quando uma pessoa tentar encobrir a mentira ou a má conduta.

A nossa posição ou nosso sucesso dão-nos o direito de criar nossas próprias regras de conduta? A autora e professora de ética, Joanne Ciulla, acredita que o bom líder é aquele que é altamente efetivo e ético em suas interações com as outras pessoas. "Nem sempre conseguimos líderes que sejam éticos e efetivos", expõe ela. "Alguns são competentes, mas não éticos; outros são éticos, porém não competentes."[2]

O patrão que resolve tirar vantagem de seus funcionários pode arruinar-lhes a vida por causa de seus caprichos e desejo de poder, controle, ou simplesmente "de ter mais."

A sensibilidade de nossa consciência — que nos foi dada por Deus — é algo que pode definhar enquanto ganhamos confiança, alcançamos maiores realizações, crescemos em nossa ocupação ou ministério, e recebemos mais respeito e honrarias.

Onde Está a Bússola Moral?

No conto de Platão, "O Anel de Gyges", um aluno chamado Glaucon oferece uma história em resposta a uma lição ministrada por Sócrates, que sustentava serem geralmente boas as pessoas, ainda que não fossem coagidas a sê-lo. Glaucon conta de um pastor chamado Gyges, que encontrou por acaso com uma caverna secreta, dentro da qual havia um cadáver usando um anel. Gyges pôs o anel no dedo e descobriu que ele o deixava invisível. Sem que alguém pudesse lhe monitorar o comportamento, Gyges passou a fazer coisas terríveis, como seduzir a rainha, matar o rei, e assim por diante. A história de Glaucon propõe uma questão moral: Poderia qualquer homem resistir à tentação do mal, se soubesse que os seus atos não seriam testemunhados? Glaucon parecia pensar que a resposta é não.[3]

Eu, provavelmente, concordo com Glaucon.

Temos de ser cuidadosos com uma tendência de nossa humanidade, que pode ferir em vez de ajudar; tirar em vez de dar; ser egoísta em vez de generoso; buscar mais para nós mesmos em vez de socorrer os que nos cercam; comandar em vez de servir. Podemos nos descobrir fazendo coisas semelhantes àquelas do rei Davi. Na qualidade de líderes, podemos ter muita aclamação e possessões, e ainda desejar tirar daqueles que fielmente nos servem e apreciam — sem pensar uma segunda vez.

A Bússola Moral dos Bem-Sucedidos

Aprecio as palavras de Brenda Barnes, diretora da Sara Lee: "A coisa mais importante na liderança é o seu caráter e os valores que lhe guiam a vida."

"... Se a pessoa é guiada por uma bússola interna que representa o seu caráter e os valores que lhe orientam as decisões, tudo irá bem. Deixemos que os nossos valores nos guiem as ações e jamais percamos a bússola interna, porque nem tudo é preto ou branco. Há muitas áreas cinzentas nos negócios [e na liderança de uma igreja]".[4]

Será que todos possuímos uma inclinação ao egoísmo, um desejo de constantemente transigir e tirar vantagem dos outros? É uma questão de proporção, mas penso que toda pessoa bem-sucedida deve estar consciente disto. Sim, todos podemos ser arrebatados pela vitória e poder, e ignorar aqueles que nos servem — e até mesmo a nossa família.

A boa notícia é que temos dentro de nós um ímã, chamado "criado à imagem de Deus" (veja Gn 1.26,27), que nos apontará o norte. Além do mais, o cristão tem o Espírito Santo que o guia, ensina, e ajuda a liderar da maneira que agrada a Deus.

Embora soframos a constante tentação de ser egoístas e querer mais para nós mesmos, somos movidos a conhecer quem é Deus e a encontrar um meio de nos conectarmos a Ele. Humanos, somos únicos entre os seres vivos: temos a bússola interna que aponta para estarmos eternamente com o nosso Criador. "Também pôs a eternidade no coração do homem" (Ec 3.11, ARA). A imagem de Deus é parte do que somos. Fomos criados por Jesus Cristo, o Filho de Deus, e existe um impulso dentro de nós que nos move a conhecê-lo e a ser semelhante a Ele (veja Cl 1.15,16).

Por outro lado, temos a natureza humana "carnal", capaz de fazer coisas grotescas e até mesmo malignas. Quando pensamos seriamente nisto compreendemos que o desejo de alguma coisa errada pode cruzar-nos a mente — e até ser uma tentação. Porque a desconsideração para com os outros, o abuso do poder, e a arrogância de achar que, por termos um título ou muitas posses, somos melhores que os outros, podem levar-nos a afligir a outrem a fim de possuirmos mais.

A semelhança de Cristo, chamada de "bússola moral", é um guia constante do nosso viver. Quando nos tornamos crentes em Jesus Cristo, Ele preenche-nos a vida e a luz brilha para nós. Tornamo-nos pessoas e líderes bem diferentes e passamos a ser sensíveis às necessidades dos outros, como nunca antes. Contudo, se não tomarmos cuidado, poderemos nos tornar calejados para a vida e seus desafios, e ignorar muito do que a nossa consciência está nos dizendo sobre o trato das pessoas e o modo de lidar com as situações.

Em nosso desejo de sermos bem-sucedidos e realizar mais, poderemos violar padrões éticos, que já foram parte de nossa vida. O impulso para o empreendimento pode impelir-nos a ignorar o bom senso; pode tornar-se uma propulsão interna obsessiva até nas pessoas bem intencionadas, e motivá-las a chegarem além daquilo que chamaríamos de normal. Assim estimulados, deturparíamos os planos de Deus e nos lançaríamos numa perseguição sem fim a realizações inacessíveis.

Elizabeth Chapman queria que o seu filhinho, Justin, fosse reconhecido como "o menininho mais inteligente do mundo". Elizabeth era uma mãe solteira de 29 anos, que criara um falso recorde de inteligência para o filho, incluindo o mais elevado QI já avaliado (298+). Ela também instigou o menino a trapacear. O embuste só foi descoberto quando o menino de oito anos — então, uma pequena celebridade — foi internado num hospital psiquiátrico com sinais de estresse emocional severo.[5] Provavelmente, a racionalização de querer o melhor para o filho, e talvez dar-se ares de bem-sucedida, impeliu Elizabeth a ir e levar consigo o filho, até o ponto de fraude e desequilíbrio emocional.

Esta compulsão interior por vencer, não importa como, é algo de que devemos nos guardar. Diretores executivos, líderes, atletas, chefes de família, e até pastores eminentes, comumente parecem ser compelidos a ganhar, a despeito do custo.

Bil George, autor de best-sellers, escreveu: "O que me preocupa são os muitos líderes empresariais poderosos, que cederam à pressão do mercado de ações em troca de ganhos pessoais. Eles perderam de vista o seu norte verdadeiro e arriscaram suas companhias, ao concentrar-se na pompa e nos espólios da liderança, em vez de construir suas organizações em longo prazo. Muitos dos que falharam partiram com enormes acordos financeiros.

"O resultado foi um golpe na confiança dos empregados, clientes e acionistas, quando a confiança pública nos líderes empresariais caiu ao seu nível mais baixo em cinquenta anos. Nos negócios, a confiança é tudo, porque o sucesso depende da confiança dos clientes nos produtos que compram, da confiança dos funcionários em seus líderes, da confiança dos investidores naqueles que investem para eles, e da confiança pública no capitalismo."[6]

Numa congregação, a confiança é tudo. Para os cristãos telespectadores, a confiança é tudo. Para o *staff* de uma organização cristã, a confiança é tudo. Para a pessoa que trabalha com um patrão cristão, a confiança é tudo. Para os filhos, a confiança nos pais é tudo. A confiança é o alicerce estável, e quando a violamos, a estrutura pode ser destruída ou severamente prejudicada.

Deus é o "norte verdadeiro". Conhecer ao seu Filho, Jesus Cristo, é a maneira de se desenvolver um relacionamento com Deus. Ele deu-nos o seu Santo Espírito para guiar-nos em tudo o que fazemos. Andemos em sua direção.

A Bíblia é o nosso manual do proprietário, que nos instrui como viver e como tratar ao próximo. Este plano para a vida ensina: "Lâmpada para os meus pé é a tua [de Deus] palavra, e luz para o meu caminho" (Sl 119.105).

A Bíblia fala-nos de todos os assuntos da vida, e quando a lemos e obedecemos-lhe os princípios, sabemos como agir e o que fazer. Salomão, o filho de Davi, escreveu: "Quem anda em sinceridade anda seguro, mas o que perverte os seus caminhos será conhecido" (Pv 10.9). "A sinceridade dos sinceros os encaminhará, mas a perversidade dos desleais os destruirá" (Pv 11.3).

Quando nos concentramos em ser como o nosso Criador, Jesus Cristo, e deixamos a sua Palavra nos guiar, somos equilibrados, e a vida é muito menos complicada. A sensibilidade, a compaixão, as prioridades corretas, a paz e o contentamento podem ser sobrenaturalmente providos e tornam-se parte de tudo o que fazemos.

Várias vezes ao ano troco de avião no aeroporto O' Hare. Para ir de uma ala para outra, existe uma passagem subterrânea em forma de esteira rolante. Geralmente, enquanto me apresso com a multidão para tomar outro avião, noto as belas luzes suspensas tremulando à frente. E ao fundo, por trás do ruído e do alvoroço, uma voz graciosa repete: "Continue andando, continue andando, continue andando".

Se os viajantes pararem de se mover, perderão suas conexões, e haverá um congestionamento de gente indo a lugar nenhum. No O'Hare, as pessoas precisam continuar em movimento assim que pisam naquela esteira rolante. Os aviões continuam decolando, os compromissos têm de ser atendidos, os parentes precisam ser visitados, e aqueles que vão se encontrar com os amigos ou assistir a um funeral precisam continuar se movendo para frente. Isto é vida.

E a vida pode ser rápida para nós. A pessoa bem-sucedida tem o singular desafio de permanecer sensível à própria consciência, ouvir o coração, e prestar atenção àqueles à sua volta, que farão qualquer coisa por ela. E também tem a responsabilidade de não fazer mau uso do poder.

Pelos montes e vales da vida, no inverno, verão, primavera e outono, dia e noite, "continue andando, continue andando, continue andando".

> *Sobre tudo o que se deve guardar, guarda o teu coração, porque dele procedem as saídas da vida. Desvia de ti a tortuosidade da boca e alonga de ti a perversidade dos lábios. Os teus olhos olhem direitos, e as tuas pálpebras olhem diretamente diante de ti. Pondera a vereda de teus pés, e todos os teus caminhos sejam bem ordenados! Não declines nem para a direita nem para a esquerda; retira o teu pé do mal (Pv 4.23-27).*

---

[1] Steven D. Levitt e Stephen J. Dubner, Freakonomics (Nova York: HarperCollins, 2005), p. 50.
[2] J. Ciulla, The Moral Challenges of Leadership, Venus-Seminars, Abstract, 8 de novembro de 2006. http://www.venus-seminars.net/?l=enroll/seminars/3.
[3] Levitt and Dubner, Freakonomics, p. 50.
[4] Bill George com Peter Sims, True North (São Francisco, CA: Jossey Bass, 2007), pág. xxiv.
[5] Jean Lipman-Bluemen, The Allure of Toxic Leaders (Nova York: Oxford University Press, 2005), p. 113.
[6] George and Sims, True North, p. xxv.

Demonstrando CONVICÇÃO

Capítulo 6

Porque muitos são chamados, mas poucos, escolhidos.
(Mt 22.14)

Fui solicitado, recentemente, a falar de meu livro, *Why Great Men Fall,*[1] a um grupo de executivos, líderes empresariais, empreendedores e pensadores. O outro palestrante foi Al Weiss, presidente das operações mundiais da *Walt Disney Parks* e *Resorts.* Para enfatizar a importância de sermos firmes em nossas convicções, ele fez a seguinte ilustração:

A Disney Cruise Line está tendo um grande sucesso entre as famílias. Os pais e os filhos sentem-se seguros, o cruzeiro é divertido, as crianças têm várias de atividades, e atualmente o seu negócio de cruzeiros está crescendo pela força da propaganda "boca a boca".

Pelo fato de muitas linhas de cruzeiro oferecerem jogos em seus navios, e assim trazerem bons rendimentos, a Disney Corporation também acreditou ser este o rumo a seguir.

Al Weiss pensava diferente. Ele não achava que jogos de azar combinassem com cruzeiros da Disney, e via-os como uma contradição a tudo o que ela representa. Ele decidiu falar de suas preocupações ao diretor executivo da Disney.

A conversa foi um penoso desafio. Al sabia que estava indo contra várias opiniões e o potencial aumento de lucros; os líderes de sua companhia estavam basicamente decididos. Ao reunir-se com o presidente, Al expôs o que sentia: o plano de incluir jogos não era uma boa ideia para os cruzeiros Disney. A atividade comprometeria a atmosfera familiar e daria um mau exemplo às crianças, que veriam os pais, outros adultos, e o nome da Disney, participando e promovendo a jogatina. O presidente da Disney ouviu e, essencialmente, respondeu: "A renda trazida pelos jogos é grande demais; precisamos desse ganho adicional, e todos estão fazendo isto".

A discussão estava encerrada. Ele decidira-se pela companhia. Os planos começavam a ter vida própria.

Após pensar mais um pouco, Al resolveu ter um segundo encontro com o seu patrão.

— E se pudermos ter os mesmos lucros, focalizando em mais qualidade para as famílias e as crianças? O senhor consideraria cancelar os planos para os jogos em nossos cruzeiros, se eu pudesse lhe mostrar como conseguir isto?

— Mostre-me. Se você puder provar-me que teremos os mesmos rendimentos com o seu plano, eu o levarei em conta.

Al pôs-se a trabalhar. Estudou os números, pensou em como desenvolver o seu plano, e criou uma estratégia que traria renda adicional e excederia o nível que alcançariam com os jogos.

Uma terceira reunião foi agendada, e Al expôs sua nova estratégia. O seu plano aperfeiçoaria a atmosfera familiar, e daria ao cruzeiro um significado que atrairia pais e filhos e outros programas saudáveis. Ele apresentou metas de lucros e demonstrou como a renda cresceria substancialmente, se a companhia seguisse os seus planos.

O presidente da Disney ouviu os detalhes e estratégias de Al para o crescimento. Os seus planos para o sucesso, muito bem desenvolvidos, foram apresentados de um modo convincente. Como resultado, a Disney decidiu não incluir jogos em sua linha de cruzeiros. Eles seguiram o conselho de Al Weiss.

Al tinha uma convicção que lhe dizia: "Seja firme neste caso". Ele seguiu seu coração, e hoje os cruzeiros da Disney têm um lucro maior. Já excederam em muito as suas metas e atingiram um nível de rendimento além do que teriam se houvessem prosseguido com a ideia da jogatina.

Convicção é a habilidade de manter uma direção clara e ter um senso nítido e consistente de quem se é e do que lhe é mais importante [2]

Pessoas que lideram convictamente comunicam fortes mensagens sobre aonde querem ir e por que. Elas podem ver as situações geradoras de angústia, de um ponto de vista mais objetivo.

O que acontecerá se não nos for permitido seguirmos nossas convicções?

Em seu livro, *Lead like Jesus* (Lidere como Jesus), Ken Blanchard comenta: "O que fazer quando os valores da organização não se alinham aos seus? Você pode perceber isto ao logo do tempo, enquanto observa contínuas disparidades entre o propósito estabelecido e os valores, e o que é expresso em ações diárias. Você tem uma escolha: comprometer os seus valores, procurar ser uma influência para que haja mudanças na organização, ou ir embora."[3]

Liderar como Jesus não inclui deixar a organização mudar, ou comprometer os seus valores. A essência da tentação em comprometer os valores origina-se, provavelmente, de problemas do EGO — particularmente de temores tóxicos, como o medo da rejeição, da pobreza, do ridículo, da confrontação, ou de perder a posição. Jesus lidou com a dinâmica da escolha, quando falou da impossibilidade de servir a dois senhores ao mesmo tempo: "Nenhum servo pode servir a dois senhores, porque ou há de aborrecer a um e amar ao outro ou se há de chegar a um e desprezar ao outro. Não podeis servir a Deus e a Mamom" (Lc 16.13).

Jesus propôs seu último desafio, detalhando o preço, em longo prazo, pago por aquele que compromete os seus valores: "Porque que aproveita ao homem granjear o mundo todo, perdendo-se ou prejudicando-se a si mesmo?" (Lc 9.25). Ele também disse que podemos confiar em sua promessa de que nunca nos deixará sós, ou fora do alcance de seu cuidado e interesse por nós.

Liderar como Jesus inclui a possibilidade de escolher ser um agente de mudança ou procurar um ambiente mais compatível. A resposta apropriada à sua circunstância dependerá do que Deus tem em mente para você.[4]

Ética = Convicção
Convicção = Ética

Howard Gardner, professor da *Harvard Graduate School of Education*, afirmou que uma pessoa com a mente ética indaga: "Se todos os trabalhadores de minha profissão fizessem o que eu faço, como seria o mundo?"

"Você pode ter de sacrificar o respeito por outra pessoa, quando o seu papel como cidadão ou profissional força-o a exercer um controle desagradável, a fim de proteger uma ideia ou instituição na qual você acredita."

Gardner observa que os delatores demonstram possuir mente ética. Muitas pessoas podem ver um gerente importante agir de modo antiético, mas não fazer nada a respeito porque desejam manter seus empregos, e porque sentem que devem respeitar o chefe. O delator retrocede e considera a natureza do trabalho e da comunidade, de um modo mais amplo. Ele dá um salto mental às ações do passado; sua lealdade é para o local de trabalho ou para a sua profissão. Ele age eticamente, ainda que isto lhe custe o relacionamento respeitoso com o seu supervisor, e até mesmo o seu emprego e a amizade dos colegas. Ele é capaz disso, porque o seu bem-estar momentâneo é menos importante que a missão maior por ele endossada.[5]

Declara ainda Howard Gardner: "Todos estamos sujeitos à desilusão pessoal".

Ele mostra que uma boa maneira de aferir a nós mesmos é perguntar: "O que minha mãe pensaria?" e "O que a imprensa publicaria sobre isto que estou fazendo?" Michael Hackworth, cofundador e presidente da Cirrus Logic, usa este aferidor pessoal. Ele garante que não faria nada que o embaraçasse se aparecesse publicado no jornal da manhã. Mesmo que o capital diminua temporariamente, ele sabe que a sua honestidade com o espelho constrói-lhe a credibilidade na longa carreira.[6]

Se você não está preparado para renunciar ou ser demitido por aquilo em que acredita, você não é um trabalhador; muito menos um profissional. Você é um escravo.[7]

— Howard Gardner

Pensamentos Éticos/Convictos[8]

- Liderança pode ter menos a ver com a posição da pessoa na organização, e mais com a sua habilidade em permanecer emocionalmente sob controle, em meio à crescente pressão para a perda do controle.
- A adversidade provê a oportunidade de liderar, mesmo para o administrador que não possui o título ou a autoridade formal para fazê-lo. Gerenciar (especialmente quando aqueles acima de nós se acham sob pressão) pode ser a tarefa mais difícil do gerente do primeiro nível.

- Liderar tem a ver com assumir a responsabilidade pela própria posição como líder, trabalhando para definir suas convicções e metas, enquanto, ao mesmo tempo, mantém-se em contato com o sistema humano ao seu redor.
- O líder encontra um meio de distinguir-se da ansiedade que os outros estão experimentando.
- Líderes dogmáticos, com as melhores ideias, que alienam as pessoas à sua volta, são tão ineficazes quanto aqueles que tentam agradar todas as partes e perdem-se no processo.
- Os líderes possuem uma tendência natural a serem puxados de um extremo a outro. A paz pode tornar-se mais importante que o processo, enquanto eles procuram deixar todo mundo satisfeito com a presente situação.
- O líder é capaz de servir em circunstâncias de alta pressão, enquanto mantém a visão do que é certo e conserva a habilidade de entender a perspectiva dos outros.

Dimensões da Liderança a Considerar

A fim de sermos líderes decididos a viver por nossas convicções e seguir os padrões éticos, devemos estabelecer normas e desenvolver suporte, fundamentos e princípios que nos guiarão a vida pessoal e a carreira.

A pergunta a seguir foi feita a 482 investidores: "Se você tivesse feito um investimento que deu bom resultado porque a companhia beneficiou-se do comportamento antiético, porém legal, do presidente e da diretoria, você manteria o investimento, ou mudaria seu dinheiro de lugar?"

Mudaria = 76 %
Manteria o investimento = 21 %
Não sabe = 3 % [9]

Howard Gardner acha que os programas MBA e as escolas de administração de empresa não ensinam ética. Para a maioria, a ética dos negócios equivale ao dólar. Sem que haja muitos dólares, não há como medir o sucesso. Em muitas mentes empresariais, a ética tem a ver com o dólar, não com o princípio de fazer o que é certo.

Por outro lado, as Escrituras ensinam que a nossa vida de líderes tem a ver com ética e convicções. A nossa ética leva-nos a usar de integridade ao tratarmos de assuntos que geram lucros e sucesso. Fazemos o que fazemos por causa de um senso de "transparência". Com este foco, podemos ouvir nossas convicções, enquanto seguimos as práticas empresariais éticas. Se, aparentemente, precisamos violar convicções ou o senso de transparência, simplesmente não o fazemos. Há na Bíblia muitos exemplos de como podemos liderar e ser sensíveis às nossas convicções.

Liderança servil envolve servir às pessoas, à comunidade, ou à organização, de baixo para cima. Liderar como um servo é um exemplo ao povo a quem fomos designados a servir. Líderes servos compreendem que existe soberania naquilo que fazem; e embora o desafio seja grande, eles têm um senso de "chamado" de Deus (veja Mc 10.25-35).

Esse chamado (a um campo de trabalho ou uma ocupação) deve ser atendido por alguém que compreenda que o próprio Jesus não veio para ser servido, mas para servir (Mt 20.28). A liderança servil inclui diversos aspectos. O líder servo lidera com gentileza e brandura. Contudo, brandura não significa fraqueza. O líder servo tem um senso da "força de Deus" que abrange vários aspectos.

1. Visão

A visão compreende a direção de Deus para o futuro da empresa, ou igreja, ou organização, e adquire o conhecimento, a assistência, e as habilidades necessárias para guiar a organização ao futuro.

A visão requer também a gerência bem-sucedida de recursos, pessoas e finanças, a fim de realizar as tarefas à mão. As pessoas certas precisam ser atraídas ao trabalho, e os fundos devem ser obtidos a fim de se alcançar o crescimento e a excelência.

A visão envolve ainda a capacidade e a determinação para perseverar nos desafios difíceis, bem como a habilidade para executar planos e conservar as pessoas com quem se pode contar.

2. Senso de propósito

Um claro senso de missão e propósito pode ajudar as pessoas a navegar através dos tempos difíceis. [10]

No papel de líder, devo pensar na crise dentro do contexto da missão maior. O sentido de propósito permite ao líder "seguir o coração" ou sua "inteligência emocional", quando as coisas se tornarem difíceis. Ele pode permanecer fiel as suas convicções e seu sentimento de que "esta é a coisa certa a fazer", porque sabe aonde está indo e conta com uma variedade de estratégias para chegar ao destino.

3. Percepção do Controle

Enquanto acredito que a adversidade e os desafios podem produzir firmeza moral, também penso que o líder que se rende ao seu ambiente, ou aos desafios presentes, perde a habilidade de defender aquilo em que acredita. [11]

A liderança de excelência reconhece que, às vezes, há fatores fora de nosso controle. Contudo, os líderes fazem um esforço consciente para enfocar as áreas onde podem ter a maior influência positiva. Eles "escolhem cuidadosamente a sua batalha" e compreendem que "alguns montes não são grandes o suficiente para se morrer neles".

4. Demonstração de Perspectiva

Aqueles que lideram com um senso de convicção são capazes de avaliar o impacto de suas decisões sobre os maiores sistemas organizacionais ao seu redor. [12]

Como um líder, diligencio por ter várias perspectivas do problema, e concentro minha atenção e comunicação no grande quadro. Em vez de focalizar os problemas ou deficiências dentro do sistema, procuro enfocar o seu futuro e o seu potencial positivo.

Os problemas, as críticas e os desafios diários podem tentar-nos a perder a perspectiva e a comprometer o nosso senso de fazer o que é certo. Não obstante, podemos ouvir as "muitas vozes" ao nosso redor e, ao mesmo tempo, conservar o alvo em mente.

5. Enxergar o Grande Quadro[13]

O líder é capaz de "subir no balcão e ter uma visão de 30.000 pés", e fazer uma leitura do sistema e de seu papel singular nele. Enxergar o grande quadro permite-me ser mais resiliente e adaptável ao enfrentar desafios e novas contingências. O líder identifica o que é possível, gera opiniões, e escolhe entre as alternativas, enquanto reconhece tratar-se de sistemas interdependentes. Isto é verdade nas pequenas empresas tanto quanto nas grandes corporações ou igrejas. O líder evita padrões de pensamento e emprega o pensar sistemático onde ações simultâneas podem ser empreendidas.

Lembremo-nos de que, ao entrar em situações complicadas, as pessoas podem pensar: *O que existe aqui para mim?* Em vez de: *Qual é o proveito para a companhia (ou igreja)?* As nossas convicções nos dirão para manter em mente o grande quadro: "Qual a melhor escolha para o Reino? "O que é melhor para a empresa, e ao mesmo tempo permaneça obediente aos princípios bíblicos?"

6. Olhar o potencial, não os Problemas

Concentrar a atenção no problema não é, necessariamente, a melhor forma de se resolvê-lo; situações de crise tendem a aumentar a dificuldade para pensar e a culpa.

O líder precisa despender, significativamente, mais tempo concentrando-se nas forças e nas possibilidades dentro das pessoas e do sistema, em vez de focalizar os problemas, obstáculos e déficits. [14]

No caso de Neemias, a Bíblia dá-nos a perspectiva de um líder que via o potencial, ao mesmo tempo em que mantinha uma constante consciência dos desafios.

Neemias era um assistente do rei. Sua herança judaica levara-o a pensar nos efeitos devastadores que haviam arruinado Jerusalém. A cidade achava-se em terrível condição. Neemias sentiu que saberia como reparar a cidade, reconstruir os muros que a cercavam, e restaurar a qualidade de vida povo.

Ele enfrentou a oposição, ameaças de morte, e até um grupo que constantemente procurava sabotá-lo. Como ele respondeu a todos esses desafios? Reparou o muro em 52 dias.

Como o conseguiu?

- Manteve a visão. Conservou a perspectiva: Aonde vamos no futuro?
- Mensurou todos os recursos. Administrou com sucesso todos os recursos que o rei lhe destinara. O povo forneceu a mão de obra, e o dinheiro foi bem empregado.
- Demonstrou consistentemente sua habilidade para resolver problemas.
- Provou, diariamente, a sua capacidade em perseverar em meio às dificuldades.
- Neemias precisaria ter a habilidade de executar seus planos e manter o povo interessado.

- Qual foi a atitude de Neemias? Ele foi arrogante, dizendo: "Tenho todas as respostas. Minhas habilidades, meu know-how, e as pessoas que conheço farão o trabalho"? Ele disse: "Trabalho para o rei, então exercerei poder e forçarei o povo a cooperar"? Não; ele não fez nada disto. Esse líder corajoso decidiu seguir o coração, suas convicções, e confiar em Deus.
- Ele humilhou-se.
- Jejuou e orou, sabendo que precisaria do auxílio de Deus.
- Quando ouviu a resposta de Deus, pôs em prática a sua visão e o seu plano.
- Os muros à volta de Jerusalém foram construídos em menos de dois meses. Quando a cidade começou a ser reconstruída, o povo que lá vivia foi grandemente encorajado, e a notícia do sucesso de Neemias espalhou-se pela região. Como resultado, Esdras, o profeta, foi capaz de seguir Neemias e trazer o avivamento à cidade.

7. Sensibilidade para com os Outros

Quando vivo por minhas convicções, as necessidades das outras pessoas devem tornar-se grande parte do que penso. Ser sensível aos outros me permite entender as consequências de minhas ações na organização onde sirvo. Também me ajuda a estar conectado aos componentes. Procuro ser empático e sensível, colocando-me no lugar das outras pessoas, porque me importo com as consequências de minhas ações.

8. Enxergar a partir da Perspectiva dos Outros

Durante os conflitos, esforço-me para "ouvir" outras vozes que também apostaram nas decisões que tomei — embora elas sempre tenham agendas independentes e competentes.[15] É importante permitir-lhes apresentar uma ampla gama de perspectivas, e procuro acalmá-las no processo.

O líder deve ter a habilidade de enxergar a partir da perspectiva das outras pessoas e ouvi-las ativamente. Desta forma, poderá reunir várias perspectivas e será mais capaz de adaptar sua comunicação, bem como evitar agitações emocionais.

O oposto disto é o líder que ouve dinamicamente, porém com uma ética não motivada pelo senso de retidão, mas de manipulação: "Como usarei as pessoas para mover a linha de fundo ou executar minha agenda?" Embora a linha de fundo seja importante, não é mais importante que a integridade, o comportamento ético, ou as pessoas.

A mente ímpia pode dizer: "Diga-me claramente como você se sente a respeito disto", enquanto a sua real motivação é tomar as rédeas, a fim de poder manipular as pessoas e a situação. Pastores não agem desse modo; eles lidam com pessoas e coisas santas.

9. Relacionamentos Saudáveis

Nas decisões ou situações desafiadoras, a equipe de liderança pode experimentar culpa, ataques, ira, ou dependência. Os líderes devem ser capazes de provocar empatia com aqueles que são parte do sistema e sentir o que eles sentem. A empatia faculta ao líder entender as consequências de suas ações no sistema e a estar conectado com os componentes.

O líder coloca-se no lugar dos outros e se preocupa com as próprias ações. Ele é um bom ouvinte: não apenas ouve aqueles que o aconselham, como compreende o que os outros estão dizendo e sentindo.

O líder é capaz de manter um alto nível de conexão, mas conservar-se não-reativo em determinadas situações, porque não se permite interpretar explosões emocionais como ataques à sua pessoa.

O líder sempre é chamado a tomar decisões difíceis. Contudo, ele é capaz de compreender plenamente, e então considerar as consequências sobre as pessoas, antes de escolher um curso de ação.[16]

10. Não Tomar as Coisas para o lado Pessoal

Tento não reagir aos outros durante uma crise, porque entendo que a ira e outras emoções negativas das pessoas não são realmente ataques a mim.[17] Esta atitude ajuda-me quando preciso confrontá-las. A razão para a confrontação deve enfocar os fatos, e não uma agenda pessoal. A insegurança pode motivar-nos a personalizar o modo como os outros agem ou nos respondem. É muito útil conhecermo-nos (fraquezas e forças) como líderes. Para tanto, é proveitoso ter as seguintes habilidades:

- **Compreender como Reagimos**

É importante conhecer como a pressão nos afeta, e tomar tempo para refletir e ajustar nosso comportamento. Isto exige um esforço consciente.[18]

Procuro conhecer minhas forças e fraquezas, e regular minhas ações, ajustando o meu comportamento e minhas atitudes, quando confrontado por novas informações. Esta compreensão aumenta o meu impacto positivo sobre o sistema em geral. Não obstante, pode atrair ataques de partes disfuncionais do sistema. Embora este possa ser o caso, busco manter a minha posição no sistema e não reagir aos demais com censura.

- **Compreender como nos Sentimos**

Em circunstâncias de grande pressão, existe a tentação de nos concentrarmos na crise "à nossa volta". Tendo consciência de como nos sentimos, podemos conhecer nossos potenciais e fraquezas, e nossas tendências a permitir-nos atuar mais efetivamente dentro de um sistema emocional. Trabalhar *com as pessoas,* e não *contra elas,* sempre trará uma solução rápida.

É crucial refletir sobre os motivos e comportamento de uma pessoa quando atua efetivamente dentro de um sistema emocional.

- **Compreender como Controlamos nossas Ações**

Como líder, procuro visualizar as mudanças que eu gostaria de efetuar, e escolho as ações que seriam mais eficazes numa determinada situação com certas pessoas. Geralmente, em circunstâncias de alta pressão, temos a tendência a reagir, a lutar contra o fogo, em vez de tomar um tempo para nos controlarmos e modificarmos o comportamento. Nessas ocasiões, procuro identificar o que estou sentindo e, conscientemente, escolho voltar atrás ou corrigir o foco antes de reagir.

Alguns líderes perdem o controle das emoções, enquanto outros são capazes de *identificar o que estão sentindo* e, conscientemente, *escolher voltar atrás ou corrigir o foco* antes de reagir.

Um líder pode dizer: "Eu paro e monitoro as minhas reações, porque elas podem mudar a dinâmica do grupo". A equipe tende a observar como o líder reage, e isto influencia o modo de os componentes reagirem. Portanto, o líder deve tomar cuidado com a sua primeira reação, porque o resultado se prolongará.

- **Compreender como Podemos Haver Contribuído para o Problema**

Quando as coisas vão mal, procuro analisar primeiro a mim mesmo, a liderança que estou oferecendo, e o papel que tenho desempenhado, antes de pensar em pôr a culpa em alguém. Em vez de reagir a quaisquer ataques, tento não tomá-los como pessoais, e reconheço como posso haver contribuído para os resultados negativos.[19]

11. Demonstrar Liderança Saudável

O líder deve esforçar-se para produzir um tipo de atitude dentro do *staff*, onde todos se sintam autorizados a atacar de frente os desafios, porque o seu trabalho busca alavancar os seus potenciais, e não as suas fraquezas.[20] Cada pessoa é responsável por seu desempenho, e deve trabalhar num clima onde diversas perspectivas são valiosas.

12. Deixar os Outros Receber o Crédito

O líder sábio, que vive por suas convicções, sabe como encorajar os outros, permitindo-lhes levar o crédito por seus esforços na empresa, na organização, ou na igreja. Nenhum de nós atinge sozinho as metas. Todos contamos com pessoas dentro da equipe, ou da igreja, que contribuíram em grande parte para o sucesso. Dar aos outros o crédito, encorajá-los, e desenvolver um sistema de "recompensa" dentro da organização são escolhas saudáveis. É verdade que as pessoas preferem um encorajamento honesto por parte de seus patrões e pastores a um aumento salarial.

Simplesmente não existe empresa, igreja ou projeto bem-sucedido, sem muitas mãos, mentes e corações envolvidos.

---

[1] Wayde Goodall, *Why Great Men Fall* (Green Forest, AR: New Leaf Press, 2005).

[2] Robert B. McKenna e Paul R. Yost, "The Differentiated Leader: Specific Strategies for Handling Today's Adverse Situations", *Organizational Dynamics,* vol. 33, nº. 3 (2004): p. 295.

[3] Ken Blanchard e Phil Hodge, *Lead like Jesus* (Nashville, TN: W Publishing Group, 2005).

[4] Ibid., p. 94.

[5] Howard Gardner, "The Ethical Mind", *Harvard Business Review* (Março, 2007): p. 52.

[6] Ibid., p. 56.

[7] http://www.jimgustafson.com/2007/03/just-do-it-right.html.

[8] Nesta seção, o Dr. Robert B. McKenna (presidente do Department of Organizational and Institutional Psychology, Seattle Pacific University) foi-me de grande auxílio, enquanto eu buscava o pensamento mais eficaz e equilibrado sobre o assunto. Vários pontos desta seção foram desenvolvidos em "The Differentiated Leader", McKenna e Yost, pp. 292-306, disponíveis online no www.sciencedirect.com.

[9] Pepperdine Grazldlio School, Corporate Board, avaliação de 482 investidores, conduzida pela Opinion Research. Margem de erro: mais ou menos 5 pontos percentuais.

[10] McKenna e Yost, "The Differentiated Leader", p. 296.

[11] Ibid., p. 297.

[12] Ibid., p. 297.

[13] Ibid., p. 298.

[14] Ibid., p. 298.

[15] Ibid., p. 298.

[16] Ibid., p. 299.
[17] Ibid., p. 299.
[18] Ibid., p. 301.
[19] Ibid., p. 301.
[20] Ibid., p. 303.

A Ética do TRABALHO

e outras Verdades que Fazem a nossa Vida Funcionar

Capítulo 7

Tudo quanto te vier à mão para fazer, faze-o conforme as tuas forças.
(Ec 9.10)

O oficial médico que acabara de receber ordens para ir ao Afeganistão abriu-se comigo: "Penso que não voltarei de lá". Ele já estivera no Iraque e no Afeganistão, e agora fora designado para o mais perigoso fronte de batalha. O medo em seus olhos confirmava-lhe o pensamento fatalista.

A preocupada esposa do oficial médico estava ao seu lado, e seus filhos brincavam inocentemente, pensando: *Este é simplesmente o trabalho do papai.*

Depois de ouvi-lo por alguns minutos, senti-lhe o pavor, o desespero e a sensação de sentenciado. Emoções são contagiosas.

Entendo um pouco disso, como um "veterano água azul do Vietnan"[1], porque estive lá três vezes, enquanto servia na marinha de guerra. Ansiedade e medo são normais; a paralisia, porém, tem feito muita gente recuar antes de começar.

"Tenente", aconselhei-o, "tenha esperança de voltar à pátria e à família. Planeje isto. Nunca entre numa batalha pensando que será derrotado."

Isto ocorreu quando a minha esposa e eu estávamos falando às famílias de militares na Ásia. Esse jovem oficial chamou-me à parte para contar-me de seus temores. Há muitos líderes (como esse oficial militar) que sentem haverem perdido a batalha pessoal antes mesmo de entrar na guerra. Ao explicar-lhe a minha opinião, ofereci-lhe um dos meus princípios "de vida" básicos.

Não comece um discurso, um negócio, uma igreja, um programa, ou entre numa batalha, pensando que vai perder. A nossa atitude dever ser aquela que diz: "Poderá ser duro, mas, com a ajuda de Deus, encontrarei um modo de fazer o que é preciso".

Acredito que devamos começar com o fim em mente. Podemos entrar na situação, no problema, ou na oportunidade difícil, com fé, crendo que Deus nos dará ideias criativas, sabedoria, proteção e mostrará como fazer o que é necessário. A situação pode ser difícil, mas com a sabedoria e a força de Deus, somadas ao trabalho árduo, a coisa pode ser feita.

Também acredito que, se começarmos achando que perderemos, assim será. Permitir esse tipo de pensamento consumirá a energia e a criatividade. Assumir a responsabilidade por nossa atitude (mesmo quando indo para a guerra) é tarefa nossa. Podemos ser bem-sucedidos no que fazemos — e em quem somos — porque escolhemos a atitude certa para a situação.

Ninguém pode dar-nos uma boa atitude. A fé deve ser aplicada. Não somos bem-sucedidos por termos autoridade ou estarmos no topo da cadeia de comando. Somos líderes porque *escolhemos reagir de forma responsável*. Ser bem-sucedido depende de nossa responsabilidade, não de nossa autoridade. Somos responsáveis por nossa atitude, nosso comportamento, e pelo modo como desempenhamos o nosso trabalho.

Pessoas bem-sucedidas enxergam a necessidade, sabem o que precisa ser feito, e fazem a tarefa eficientemente. Quando a situação pode ser melhorada, os bem-sucedidos assumem a responsabilidade. Eles não podem se dar ao luxo de se esconder ou evitar o desafio; escolhem responder do modo apropriado (e necessário). Os bem-sucedidos constantemente fazem escolhas difíceis. Embora atemorizados, evitam ser paralisados pelo medo. Eles buscam uma estratégia, procedem de modo diferente, e como resultado, mudam as situações. A nossa atitude é responsabilidade nossa.

As pessoas bem-sucedidas tomaram várias decisões:

- Por si mesmas e pelo que lhes foi requerido;
- Para mudar e efetuar boas transformações no trabalho;

- Desenvolveram um plano de ação para realizar mudanças pessoais e organizacionais; estabeleceram suas metas e desenvolveram um plano para alcançá-las.

A fim de sermos responsáveis, minha esposa e eu escrevemos livros sobre temas cruciais, porque sentimos que alguém precisa dizer algo. Por exemplo, notando que a maioria das pessoas, inclusive cristãos, estava confusa e mesmo preocupada quanto ao papel de Satanás e de seu poder sobre a vida dos seres humanos, e até mesmo quanto à sua existência, escrevemos *The Battle: Defeating Enemy of Your Soul.*[2] (A Batalha: Vencendo o Inimigo de sua Alma). Esse livro explica a batalha espiritual (e a influência maléfica de Satanás em nosso mundo), e encoraja as pessoas, mostrando-lhes o poder que possuem, em Cristo, sobre o inimigo. Gratificantemente, esse livro tornou-se um best-seller porque traz esperança e confiança aos leitores.

As pessoas bem-sucedidas decidem envolver-se e responsabilizar-se — geralmente quando muitos estão simplesmente fugindo ao desafio.

O cristão tem uma vantagem. Podemos entrar nas dificuldades da vida, nas batalhas e situações aparentemente impossíveis, sabendo que Deus nos ajudará. Quando assumimos a responsabilidade de manter uma atitude boa e honesta, e desenvolver a nossa fé, sabemos que Deus estará ao nosso lado. Apesar de termos na vida muitos obstáculos e complexidades, devemos crer que venceremos. Deus está consciente do nosso problema particular. Ele nos dará a sabedoria para lidarmos seja lá com o que for. Por isto é importante compreendermos que, a fim de vencer na vida, temos de depender dEle e fazer o que Ele nos manda. O orgulho pessoal nos deixará presos onde estamos. Entendemos que "Ainda que o Senhor é excelso, atenta para o humilde; mas ao soberbo, conhece-o de longe" (Sl 138.6). Necessitamos da força e da ajuda de Deus em tudo o que fazemos. Não existe nenhum "vencedor pelo próprio esforço", mas homens e mulheres que desenvolveram os talentos recebidos de Deus.

Há muitas pessoas bem-sucedidas, que chegaram ao topo de sua profissão e esqueceram-se do que (ou quem) as levou até lá. Os nossos talentos, a nossa inteligência, singularidade e oportunidades vieram de Deus. Se agirmos na vida com fidelidade e confiança, cresceremos e saberemos o que fazer para ser próspero.

Até mesmo experiências (ou condições) negativas serão usadas por Deus para levar-nos adiante.

E sabemos que todas as coisas contribuem juntamente para o bem daqueles que amam a Deus, daqueles que são chamados por seu decreto (Rm 8.28).

A maioria de nós já viveu experiências onde a situação, o trabalho, ou a resposta das pessoas não foram o que esperávamos (num sentido negativo). Ou cometemos erros, que nos fizeram ponderar se sempre vacilaríamos por causa do que nos acontecera no passado. Uma das verdades mais surpreendentes da Bíblia é o fato de que, quando amamos a Deus, Ele fará todas as coisas contribuírem para o nosso bem. E muitas vezes na vida, acredito que Deus permite experiências onde somos humilhados, e simplesmente temos de depender dEle.

A Bíblia conta a história de um grande líder militar, chamado Naamã. Ele sabia como ganhar batalhas. Suas façanhas na guerra haviam lhe dado muito de que se orgulhar.

Naamã tinha lepra — uma terrível enfermidade que o impedia de se aproximar das pessoas e, eventualmente, deformar-lhe-ia os membros, de modo que ele não mais seria capaz de ir à guerra.

E Naamã, chefe do exército do rei da Síria, era um grande homem diante do seu senhor e de muito respeito; porque por ele o Senhor dera livramento aos siros; e era este varão homem valoroso, porém leproso (2 Rs 5.1).

Alguém lhe falara de um homem piedoso, que poderia curá-lo. Ele pediu para ver o homem de Deus. Ao encontrá-lo, Naamã ofereceu-lhe pagamento para que lhe tirasse a lepra.

Naamã pensava que podia comprar, com o seu dinheiro arduamente ganho, algo sobrenatural — algo que somente Deus poderia dar. Como tudo o mais em sua vida, Naamã achava que podia pagar por sua cura com a própria capacidade. Esse líder não entendia que Deus queria a sua confiança, não o seu dinheiro ou sua atitude "fiz-me na vida sozinho".

Elizeu deu-lhe instruções singulares de como receber a cura que almejava:

Vai, e lava-te sete vezes no Jordão, e a tua carne te tornará, e ficarás purificado (2 Rs 5.10).

É isto?

A prescrição deixou Naamã muito zangado. Ele pensou: *Parecerei um tolo... e se não funcionar?* Era uma daquelas experiências em que ele não estava no controle, e era embaraçoso. Parecia-lhe mais difícil mergulhar no Rio Jordão do que gastar uma boa quantia de seu dinheiro suado, ou mesmo vencer uma guerra. Ele não queria fazê-lo. Noutras palavras, o seu orgulho impedia a sua cura.

Seus empregados "chegaram-se a ele... e lhe falaram, e disseram: Meu pai, se o profeta te dissera alguma grande coisa, porventura, não a farias? Quanto mais, dizendo-te ele: Lava-te e ficarás purificado" (2 Rs 5.13).

Finalmente Naamã foi convencido a fazer aquela coisa esquisita (humilhante). E quando a fez, Deus curou-o da lepra.

Qual a lição da história? Deus sabe que o orgulho nos meterá em problemas. Confiar nEle com os seus planos ímpares, suas ideias criativas e seus projetos para o nosso sucesso é o caminho a seguir. A Bíblia afirma que Deus odeia o orgulho. Por quê? Porque o orgulho faz-nos pensar que somos autossuficientes, que não precisamos de Deus nem de suas dádivas. E com esta atitude, a nossa vida fatalmente fracassará.

Ao contrário disso, os humildes naturalmente fazem o que é preciso. Não desprezam os centavos, chegam cedo, e ficam até tarde.

Os líderes bem-sucedidos não devem esquecer o seu humilde começo. As lições que aprenderam fizeram-nos chegar onde estão. É tudo parte da fibra de que são feitos. Pessoas, sofrimentos, provações, vitórias, fracassos, tudo se encaixa para formar quem somos.

O rabino Uri de Strelisk expressou: "Se você parar diante de uma árvore e olhar incessantemente para ver como ela cresce e quanto já cresceu, não verá nada. Mas cuide dela por uns tempos, pode os ramos e combata as pragas e — no momento apropriado — ela crescerá. O mesmo se dá com o ser humano: Dê-lhe tudo o que é necessário para superar seus obstáculos, e ele prosperará e crescerá. Mas não é certo examiná-lo a cada hora, para ver quanto foi acrescentado ao seu crescimento".[3]

De acordo com Jim Collins, em seu livro *Good to Great* [*Empresas Feitas para Vencer*], um líder com um coração humilde olha pela janela para descobrir e aplaudir as verdadeiras causas do sucesso, e fita o espelho a fim de descobrir e aceitar a responsabilidade pelo fracasso.[4]

Jesus e o Sucesso

Jesus ensinou-nos muito sobre sermos bem-sucedidos naquilo que fazemos. Periodicamente, os discípulos discutiam sobre quem era o mais próspero entre eles, quem era o mais talentoso, e quem deveria ser o líder.

> *E, entrando em casa, perguntou-lhes: Que estáveis vós discutindo pelo caminho? Mas eles calaram-se, porque, pelo caminho, tinham disputado entre si qual era o maior. E ele, assentando-se, chamou os doze e disse-lhes: Se alguém quiser ser o primeiro, será o derradeiro de todos e o servo de todos (Mc 9.33-35).*

Jesus não tentou convencê-los de que deveriam ser líderes (ou bem-sucedidos). Ele recordou-lhes que "o Filho do Homem também não veio para ser servido, mas para servir" (Mc 10.45). Ken Blanchard destaca: "O coração motivado pelo interesse próprio enxerga o mundo como uma proposta "dê pouco, tome muito". Pessoas movidas pelo interesse próprio colocam sua agenda, sua segurança, seu status e gratificação acima daqueles que são afetados por seus pensamentos e ações."[5]

Verdades que Fazem a nossa Vida de Trabalho

O que podemos aprender, o que podemos fazer, e como garantir que o orgulho não surja em nosso caminho? Como podemos estar consistentemente satisfeitos com a nossa vida e fazer o nosso trabalho, de um modo que Deus consideraria bem-sucedido?

Há três questões importantes:

1. Estamos liderando como Jesus — ou liderando com o nosso EGO?

Ken Blanchard define EGO como *"deixando Deus de fora"*. Ou, se escolhermos ser "líderes servos", estaremos *"exaltando apenas a Deus."*[6] Quando o ego "deixando Deus de fora" está no comando, somos distorcidos e temos uma visão demasiadamente brilhante de nossa habilidade e desejo de controlar os eventos. Ken Blanchard explica: "Quando pensamos e agimos como se tudo dependesse de nós, estamos nos predispondo, bem como àqueles que nos seguem, a fracassar ao longo da caminhada. A verdade é que cada um de nós trabalha dentro de nossas limitações, como seres humanos falíveis. Fatores além de nosso controle, e mesmo alheios à nossa consciência, determinam o sucesso e o fracasso. Isto não diminui a importância e o valor de nossos esforços, mas coloca-os numa perspectiva que permitirá que a graça e a humildade fluam em nossos relacionamentos e liderança."[7]

Blanchard esclarece que quando escolhemos liderar como Jesus, alinhamos os nossos quatro domínios de liderança: coração, cabeça, mãos e hábitos.

Coração: liderança é, primeiramente, uma questão espiritual do coração. Sempre que temos a oportunidade ou a responsabilidade de influenciar o pensamento e o comportamento dos outros, a primeira escolha que somos chamados a fazer é se seremos motivados pelo interesse próprio ou pelo benefício daqueles que estamos liderando. O âmago da questão lançada por Jesus é: "Você é um líder servo ou um líder interesseiro?"

Cabeça: a cabeça examina as nossas crenças e teorias sobre liderança e motivação das pessoas. Todo grande líder tem um ponto de vista específico, sobre liderança, que define como ele vê o seu papel e o seu relacionamento com aqueles a quem busca influenciar. Durante o seu período de liderança terrena, Jesus continuou a ensinar e enfatizar o seu ponto de vista, que era o da liderança servil.

Mãos: outros experimentarão e observarão o que trazemos no coração e na cabeça, quando as nossas motivações e crenças sobre liderança afetarem as nossas ações (mãos).

Hábitos: nossos hábitos são o modo como renovamos nosso compromisso diariamente, como um líder que serve em vez de ser servido.[8]

2. Estamos ouvindo? E se estamos, a quem ouvimos?

A necessidade de estar a sós — isolados — para ouvir, pensar, processar e sonhar é um componente decisivo para o nosso sucesso como pessoa. Priorizar a busca da solidão para ouvir a Deus é crucial em nossas vidas. Quando examinamos a vida de Jesus, vemos como Ele fazia disto uma prioridade em todas as áreas de sua vida. Como Ele mantinha o equilíbrio? Como se mantinha no rumo, apesar de todas as pressões, e consistentemente tomava as decisões certas?

- Antes de iniciar o seu ministério (trabalho), Ele passou quarenta dias a sós (veja Mt 4.1-11).

É importante nos isolarmos com Deus e nossos pensamentos, antes de tomarmos as maiores decisões de nossa vida.

- Antes de escolher as pessoas que o ajudariam em seu trabalho, Ele encontrou um lugar onde ninguém o interromperia, durante uma noite inteira (veja Lc 6.12,13).

Ao escolhermos pessoas para trabalhar em nossa equipe, ou escolher uma equipe da qual seremos parte, precisamos afastar-nos das opiniões de outras pessoas e pormo-nos a sós com Deus, que conhece os motivos e as falhas de todos nós.

- Quando o seu primo (João Batista) morreu, Jesus isolou-se (veja Mt 14.13).

Todos sofremos perdas, lutos e desapontamentos. Quando isto acontece, podemos receber graça, paz e entendimento, quando nos pomos "a sós" com Deus, que coloca todas as coisas em perspectiva.

- Quando realizou o milagre que alimentou cinco mil pessoas com cinco pães e dois peixes, Jesus deixou a multidão e ficou sozinho (veja Mt 14.23).

Em muitas ocasiões de sucesso e vitórias, parece que a multidão está do nosso lado. Nestes momentos, é importantíssimo isolar-se, descansar, pensar, e deixar Deus nos ajudar a entender que "Ele é tudo" em nossas vitórias na vida.

- O hábito do isolamento, com meditação e oração, era uma das mais elevadas prioridades diárias de Jesus. "E, levantando-se de manhã muito cedo, estando ainda escuro, saiu, e foi para um lugar deserto, e ali orava" (Mc 1.35).

Por que essa disciplina era importante?

Porque o seu Pai sabia o que aconteceria, e o que Jesus encontraria. Ele dava a Jesus sabedoria para cada dia. E ao longo das horas, Jesus encontrava maneiras de isolar-se e orar. "Porém ele retirava-se para os desertos e ali orava" (Lc 5.16).

Isolamento, ouvir a Deus, e receber a sabedoria e a força de que carecemos para fazer tudo o que de nós se requer é a "verdade da vida" que nos ajudará a ser bem-sucedidos em todas as coisas.

3. Estamos fazendo o nosso trabalho como Jesus fazia?

Casamento, formação de uma família, trabalhar em nossas ocupações, pastorear uma igreja... A vida é, em si, um trabalho árduo.

O sucesso não vem ao nosso relacionamento ou à nossa carreira, sem a disciplina do trabalho. Ao mesmo tempo em que devemos nos disciplinar para encontrar o equilíbrio do descanso, das prioridades certas, e do isolamento, também precisamos saber que "não há almoços grátis na vida." O trabalho é uma coisa boa, e a habilidade para trabalhar duro é um dom de Deus.

Quando a minha esposa e eu estávamos fazendo a faculdade no sul da Califórnia, precisávamos desesperadamente encontrar um emprego. Eu procurara durante dias, indo de uma empresa a outra, inscrevendo-me para o que houvesse. Sentia-me um tanto desesperado, um pouco assustado, e mesmo embaraçado por não conseguir um emprego. Eu acabara de ser honradamente dispensado da marinha, e fazia dezoito meses que era cristão.

Uma nova loja de departamentos acabara de ser aberta; uma subsidiária da J. C. Penney's. Inscrevi-me rapidamente, e eles contrataram-me por 20 horas semanais — mais a comissão. Puseram-me no setor de mídia, vendendo televisões, aparelhos de som e de entretenimento. Embora eu houvesse trabalhado numa loja de roupas, quando fazia o ensino médio, não me sentia muito otimista quanto a vender televisões e estéreos num emprego de meio período. Eu precisava de um salário de tempo integral, e preocupava-me, pensando que não faria o suficiente com as comissões. Desesperado e motivado pelas contas da escola e da sobrevivência, decidi que daria o melhor de mim.

Comecei pensando: *Como Jesus venderia televisões e estéreos? Como Ele trataria as pessoas? Como Ele estabeleceria o melhor produto e o melhor negócio?*

Examinei os Evangelhos e estudei como Jesus tratava as pessoas, e então, (pela fé) comecei a tratar meus clientes da mesma forma.

Por sentir que Jesus daria às pessoas o melhor preço sobre aquilo que estavam comprando, informei-me sobre os melhores preços para os equipamentos que vendíamos. Quando um cliente queria determinado item, eu procurava igualar-lhe o preço ao mais baixo oferecido pelo concorrente; ou, se não fosse possível, encorajava-o a ir à outra loja.

Jesus sempre viveu de forma íntegra. Então, se houvesse um equipamento que retornasse frequentemente por causa de um defeito de fabricação, eu informava o cliente do problema em particular com aquele produto.

Eu sabia, também, que Jesus tratava com equidade e respeito às pessoas com quem trabalhava. Compreendendo esta verdade, eu respeitava os demais vendedores, que também ganhavam por comissão, e frequentemente pedia aos clientes que comprassem com eles, quando eles conheciam melhor que eu uma determinada televisão ou um estéreo, ou se eu estivesse com outro cliente. Às nossas vendedoras, eu prontificava-me a carregar o equipamento vendido por elas até o carro do comprador — sabendo que elas continuariam vendendo, enquanto eu acompanhava o seu cliente.

Certo dia, um homem estava em nossa seção, olhando as televisões. Ele era extraordinariamente amigável e transparente. Explicou-me que estava vivendo da Previdência Social e tinha vários filhos. Puxou da carteira um cheque de pouco mais de trezentos dólares, e contou que estava indo aos setores de mercearia e de roupas, comprar algumas coisas para a família grandemente necessitada.

Achei ótimo e senti uma espécie de gratidão por ele estar podendo fazer isso.

Enquanto caminhava para fora do meu departamento, ele notou um televisor que se achava em liquidação por 300 dólares. Depois de examiná-lo, voltou até mim e disse: "Quero comprar esta televisão".

Meu coração encolheu. Olhei para ele e, por um momento, pensei: *Como Jesus lidaria com esta venda?*

Não tive dúvidas.

"Senhor", repliquei-lhe, "não posso vender-lhe esta televisão. Aconselho-o a ir à seção de alimento e à de roupas, e comprar o que a sua família realmente precisa".

Ele ficou meio frustrado, mas ouviu-me. O seu impulso de comprar a televisão foi refreado por minha responsabilidade por ele.

As pessoas começaram a comentar sobre o "tal vendedor" que sempre encontrava os melhores preços para televisores, proporcionava-lhes os melhores negócios, e alertava-os se um produto fosse defeituoso. Logo, os clientes passaram a vir à loja procurando por mim, ou perguntando a que horas eu estaria trabalhando. Como resultado de fazer a mim mesmo a indagação "Como Jesus faria isto?" acabei na lista dos dez melhores vendedores da J. C. Penney, por três vezes durante os três anos que lá trabalhei — e ganhando apenas 20 dólares por semana.

Noutra ocasião, quando minha esposa e eu estávamos fazendo outra faculdade, novamente precisamos trabalhar. Uma agência de limpeza veio à universidade e entrevistou candidatos a zeladores, para o turno da noite. Os empregados estariam limpando as salas de emergência, as "salas das talas" (onde colocavam talas em pernas, braços, etc.), banheiros, corredores e escritórios. Essa não era a espécie de trabalho que desejávamos, mas pagaria as nossas contas enquanto estivéssemos na faculdade. Inscrevemo-nos, e minha esposa e eu fomos contratados.

Debati-me com o tipo de trabalho que eu teria de fazer, e também não queria que minha esposa trabalhasse tão arduamente até a meia-noite, ou mais. Contudo, disse a mim mesmo: Humilhe-se, Wayde. Confie em Deus e trabalhe duro. Procure deixar seu empregador feliz e ajudá-lo a atingir suas metas. Não tenha medo de se sujar e fazer os serviços que outros não fariam. Deus o ajudará a ser bem-sucedido.

Quando eu estivera nas forças armadas, aprendera realmente a limpar. Vez após vezes limpávamos o nosso navio e nossos quartos, e checávamos tudo duas vezes. Meu supervisor até colocava um espelho atrás do vaso, para certificar de que não esquecêramos nada ao limpar o banheiro. De uma coisa eu sabia: Sou capaz de limpar e de lidar com equipamentos de limpeza. Além disso, entendo como se deve trabalhar.

Confidenciei à minha esposa: "Roz, vou competir com esta turma durante duas semanas. Eu posso limpar melhor, trabalhar mais duramente, e satisfarei ao patrão mais que todos os outros empregados". E acrescentei: "Dentro de poucos meses, me pedirão para chefiar a companhia".

Chegávamos cedo, assegurávamo-nos de que tudo ficasse imaculado, fazíamos mais do que nos pediam. Dentro de algumas semanas, o empregador notou e chamou-me à parte, a fim de pedir-me que chefiasse a turma da noite.

A nossa equipe tornou-se a mais eficaz de sua empresa e, em poucos meses, o empregador pediu-me para chefiar a companhia. A sua oferta foi verdadeiramente generosa: ele propôs comprar-me um Corvette novo, já que ambos os donos dirigiam Corvettes!

Agradeci-o por sua oferta, mas eu sabia que Deus tinha outros planos para a minha carreira. Eu tinha de terminar a faculdade e fazer a pós-graduação, e precisava de um trabalho apenas temporariamente, enquanto nos preparávamos para o trabalho de nossas vidas.

Compreendi que "o que trabalha com mão enganosa empobrece, mas a mão dos diligentes enriquece. O que ajunta no verão é filho sábio, mas o que dorme na sega é filho que envergonha" (Pv 10.4,5).

As regras básicas para ser um empregado ou empregador bem-sucedido não são difíceis de se entender. Muitos donos de empresa têm reclamado, frequentemente, de como é difícil encontrar pessoas que trabalhem duro e sejam responsáveis. Como crentes, devemos ter a melhor ética de trabalho e sermos as pessoas mais responsáveis aos nossos empregadores ou empregados. Não é preciso muito para ser a pessoa que os membros de sua equipe veem como bem-sucedida:

- Seja pontual.
- Desenvolva seu plano.
- Cumpra suas obrigações e promessas.
- Responda a telefonemas e e-mails, o quanto antes possível.
- Comunique-se com todos os envolvidos.
- Leve a sério suas responsabilidades.
- Seja alguém com quem se é fácil trabalhar (sorria, seja amigável).

O trabalho árduo é uma boa coisa, e a *nossa colheita* (para todos nós) é a oportunidade que temos de trabalhar. Enquanto temos um trabalho, devemos executá-lo com afinco e fazer todo o possível para corresponder ao que Deus nos deu.

O sucesso é relativo. É algo que você define por si mesmo quando compreende os princípios eternos que somente Deus pode dar.

Estamos liderando como Jesus lideraria? Jesus veio para servir, ser um exemplo, e capacitar os seus seguidores a fazer bem o seu trabalho — e, como resultado, serem bem-sucedidos.

Estamos ouvindo? E se estamos, a quem ouvimos? É fundamental que encontremos maneiras singulares de estarmos a sós para pensar, processar, meditar, e ouvir Deus. Ele conhece todos os obstáculos, pessoas e desafios que enfrentaremos a cada dia. Ele nos dará sabedoria, se o ouvirmos.

Estamos trabalhando como Jesus trabalharia? Estamos fazendo o nosso serviço, cumprindo o ministério, ou a responsabilidade de ser marido ou esposa, pai ou mãe, com o nosso melhor esforço? Buscar a excelência em tudo o que fazemos é parte do sucesso. Ser bem-sucedido não tem a ver somente com a nossa ocupação — tem a ver com a nossa vida, família, e relacionamento com outras pessoas.

---

[1] Aqueles que serviram na marinha, durante a guerra do Vietnã , cujos navios achavam-se em águas vietnamitas.

[2] Wayde I. Goodall com Rosalyn Goodall, *The Battle: Defeating the Enemy of Your Soul* (Lake Mary, FL: Creation House, 2005).

[3] Maurice S. Friedman, A *Heart of Wisdom* (Albany, NY: State University of New York Press, 1992), p. 67.

[4] Jim Collins, Good to Great: Why Some Companies Make the Leap... and Others Don't (New York: HarperCollins, 2001).

[5] Ken Blanchard e Phil Hodge, *Lead like Jesus* (Nashville, TN: W Publishing Group, 2005).

[6] Ibid., p. 40.

[7] Ibid., p. 62, 63.

[8] Ibid.

Pessoas... FERIDAS ... Pessoas FERIDAS

Capítulo 8

O caráter não pode ser desenvolvido na calma e tranquilidade. Somente experimentando provações e sofrimentos é que a alma pode ser fortalecida, a visão clareada, a ambição inspirada, e o sucesso alcançado.[1]

— Helen Keller

Existem várias pessoas insensatas lá fora. Conheci executivos, políticos, pastores, e outras pessoas que já tiveram um sonho extraordinário, mas foram prejudicadas por alguém cruel, que literalmente roubou-lhes o sonho. A raiva provém, tipicamente, do ferimento, do medo, ou desapontamento. A dor da ferida e da desilusão pode fazer a pessoa desejar "pagar na mesma moeda", vingar-se, ou desenvolver uma atitude de "Nunca mais confiarei... Serei durão daqui para frente".

Não há dúvidas de que a adversidade pode tornar-nos amargos. Ser golpeado fará com que, naturalmente, queiramos revidar. Quando mentem para nós, desejamos defender-nos e, às vezes, tirar desforra. Ser desapontado por alguém em quem confiamos profundamente pode levar-nos a dizer: "Nunca mais confiarei" (Pelo menos, não nessa pessoa que tão profundamente nos desapontou).

Pessoas que me conhecem geralmente me perguntam se eu as aconselharia a trabalhar com determinado indivíduo. Minha resposta típica é: "Você orou a respeito? Você pesquisou como ele, ou ela, trata os empregados? Ele, ou ela, estará interessado em seu crescimento, bem-estar, e desenvolvimento do caráter? Ele, ou ela, encontra-se emocionalmente ferido, e não está sendo curado?" As nossas feridas podem permanecer abertas. A nossa dor pode continuar latejante. As nossas rejeições emocionais podem encorajar-nos a comandar de maneira dura, desconfiada, defensiva, e tóxica.

Líderes tóxicos provocam doenças, disfunção e infecção. Como saber se somos tóxicos, e o que fazer a respeito? Em seu livro, *The Allure of Toxic Leaders* (A Fascinação dos Líderes Tóxicos), Jean Blumen destaca: "Líderes tóxico realmente têm efeitos venenosos, que causam sérios danos a suas organizações e seus seguidores, mas as múltiplas toxinas que eles podem distribuir criam variados graus de prejuízo. E, claro, não nos esqueçamos que além dos líderes tóxicos individuais, organizações e quase-organizações podem produzir suas próprias toxinas. Fazem isto através de políticas e práticas perniciosas — inclusive estabelecendo metas irracionais, promovendo competições internas excessivas, e criando a cultura da culpa — que transcendem qualquer líder tóxico individual."[2]

Muitos de nós já experimentamos toxicidade em um chefe, treinador, ou instrutor, ou em alguém chamado de líder "espiritual". Afastamo-nos deles sentindo-nos doentios, em vez de saudáveis. Experimentamos medo, em vez de paz e conforto, e desenvolvemos um senso de inquietação à volta dessas pessoas, e não conseguimos relaxar. Em vez de nos sentirmos livres para expressar nossas opiniões sinceras, medimos todas as nossas palavras, ideias e planos, em torno das questões: "Ele aprovará? Isto é algo que ele apreciaria ou quereria ouvir?" Noutras palavras, esta espécie de líderes nos intimida, e tornamo-nos excessivamente cônscios de como *eles* se sentem.

O "efeito venenoso" e o comportamento destrutivo dos líderes tóxicos vão desde o comprometimento deliberado e consciente com atos desprezíveis a comportamento tóxico inconsciente e desintencional, como falhar em reconhecer a própria — ou de outrem — incompetência seriamente prejudicial.[3] Jean Blumen acredita haver vários comportamentos destrutivos, comuns aos líderes tóxicos:

- Deixar os seguidores piores do que quando os encontrou; às vezes eliminando — por deliberadamente minar, degradar, seduzir, marginalizar, intimidar, desmoralizar, privar de direitos ou privilégios, incapacitar, prender, torturar, aterrorizar, ou matar — muitos de sua própria gente, incluindo membros de seu séquito, bem como seus oponentes oficiais.

- Violar os padrões básicos de direitos humanos de seus apoiadores, bem como os de outros indivíduos e grupos que não se encontram entre os seus seguidores.
- Conscientemente alimentar as ilusões de seus seguidores que intensificam o poder do líder e enfraquecem a capacidade de agir independentemente (Isto é, persuadir seus adeptos de que ele é o único capaz de salvá-los, e salvar a organização ou a igreja).
- Jogar com os medos e as necessidades mais básicos de seus seguidores.
- Sufocar a crítica construtiva e os defensores do aprendizado (às vezes, por meio de ameaças e autoritarismos) para sujeitá-los e impedir que questionem o julgamento e as ações do líder.
- Desencaminhar os seguidores por meio de inverdades deliberadas e falsos diagnósticos de problemas.
- Subverter as estruturas e processos do sistema planejados para gerar verdade, justiça e excelência, e adotar ações antiéticas, ilegais e criminosas.
- Estabelecer regimes totalitários ou estritamente dinásticos, inclusive subvertendo o processo legal para seleção e suporte de novos líderes.
- Falhar em cultivar novos líderes, inclusive o seu sucessor (com ocasional exceção a parentes sanguíneos), agarrando-se impropriamente ao poder.
- Jogar, maliciosamente, os constituintes uns contra os outros.
- Tratar bem os seguidores, mas persuadi-los a odiar e/ou destruir uns aos outros.
- Identificar bodes expiatórios e incitar os demais a castigá-los.
- Estruturar o custo de derrotá-los como um gatilho para a queda do sistema que lideram, pondo em perigo os seguidores e os não-seguidores.
- Ignorar ou promover a incompetência, o nepotismo e a corrupção.[4]

Líderes tóxicos põem-se a dominar, e até mesmo eliminar, os seus seguidores, assim como pessoas e grupos fora de seu círculo. Às vezes, a toxicidade *pode* não ser deliberada, mas a incompetência de uma pessoa torna-se o veneno. Mesmo com um dano não intencional, os seguidores sentem a realidade da doença e do risco. Eles podem estar em perigo de perder seu emprego, lar, economias e, às vezes, a própria vida. Encontram-se, geralmente, no dilema vencer/perder, onde o líder vencerá — de qualquer modo — mas o seguidor sabe que eventualmente perderá. Tenho ouvido líderes tóxicos chamar o abuso de pessoas de "parte do bom negócio".

São muitas as razões pelas quais as pessoas transformam-se em líderes tóxicos. Ao longo dos anos, algumas desenvolveram uma atitude cínica, tornaram-se gananciosas e egoístas, ou talvez sejam obtusas. Não veem a si mesmas como os outros as veem. O narcisismo, a paranoia, a grandiosidade, e a megalomania compelem alguns líderes tóxicos.

Outros casos extremos provêm da malevolência e maus intentos. Muitos líderes tóxicos são medrosos e covardes.

Conheci um pastor que fingia amar o seu povo. Como um homem brilhante e bem-dotado, falava-lhes, a cada domingo, com incrível eloquência. O tempo todo, ele estava tendo um caso com a secretária e mais uma pessoa da igreja. Além disso, ocasionalmente tinha um encontro com outra pessoa da comunidade, enquanto outras duas tornaram-se parte do seu "harém" de amigas. Ele racionalizava que merecia fazer isto, sentia pouco remorso (se é que sentia), trouxe grande injúria à congregação, e literalmente arruinou a família.

Enquanto ele conversava comigo, fiquei imaginando por que ele desenvolvera uma vida particular tão fora de controle. Pedi-lhe que fizesse um retrospecto e pensasse em como aquilo tudo começara. Ele contou-me que o seu pai era um líder religioso, que fizera basicamente as mesmas coisas. Como resultado, esse homem não estava arrependido. Quando lhe recordei que o seu pai estivera errado e que ele precisava mudar o comportamento, ele, furiosamente, acusou-me de não querer ajudá-lo a voltar ao ministério.

Respondi-lhe: "Não estou interessado no que você faz. Interesso-me por seu caráter". Prossegui explicando: "Deus não está interessado em que você se torne um ministro. O que importa para Ele é que você se torne um homem íntegro, um bom esposo, e um bom pai". E acrescentei: "Então Deus poderá pedir-lhe que sirva em algum ministério.

Esse pastor tornara-se tóxico aos seus seguidores. Ele racionalizava a sua pecaminosidade e o seu comportamento narcisista, porque o pai o ferira com o próprio exemplo de infidelidade. Posso imaginar o momento em que ele, jovem ainda, descobriu que o seu pai aparentemente "espiritual" era um adúltero contumaz, que não se sentia mal com o fato.

Alguém afirmou: "A maçã não cai longe da macieira". Quanta verdade.

O rei Acabe tornou-se um líder tóxico porque estava com medo de sua malvada esposa, Jezabel. Ela foi uma das pessoas mais perversas da Bíblia. Acabe tratava as pessoas à sua volta com crueldade, e era impiedoso com os seus súditos. Sua esposa ameaçava e intimidava-o com a sua forte personalidade. Ele decidiu ser um rei covarde. Acabe não enfrentava Jezabel, nem discordava com as suas más ideias e decisões cruéis. Tornou-se uma marionete e perdeu todo o senso de respeito próprio.

Veja a seguir algumas das características pessoais deliberadamente dos líderes tóxicos:

- Falta de integridade, que os distingue como cínicos, corruptos, hipócritas e indignos de confiança.
- Ambição insaciável, que os instiga a pôr o seu poder sustentado, a sua glória e fortuna acima do bem-estar de seus seguidores.
- Egos enormes, que os cegam para os defeitos de seu caráter, limitando-lhes a capacidade para a regeneração própria.
- Arrogância, que os impede de reconhecer os próprios erros e os leva a culpar os outros.
- Amoralidade, que praticamente os impossibilita de discernir entre o certo e o errado.
- Avareza, que os leva a pôr o dinheiro, e o que ele pode comprar, no topo da lista.
- Despreocupada indiferença para com o que suas ações custam aos outros e a eles mesmos.
- Covardia, que os leva a recuar diante das escolhas difíceis.
- Falha em compreender a natureza de problemas relevantes e em agir de modo competente e eficaz nas situações da liderança.[5]

As pessoas podem tornar-se tóxicas porque foram severamente feridas pela vida ou por alguém de quem dependiam. Tenho visto pessoas serem confundidas e transtornadas pela dor, rejeição, calúnia, e crítica injusta.

Em algumas ocasiões, observei pessoas ficarem mais calmas, mais sábias, e mais discernidoras em meio a suas tormentas. Frequentemente vi pessoas tornarem-se de passivas a agressivas, enraivecidas e difíceis de conviver.

Algo dentro de nós pode romper-se. Nesses raros momentos, podemos desistir e tornarmo-nos duros.

Ou, podemos desistir, largar para lá, e confiar em Deus.

Durante a orientação para o meu emprego na companhia de J.C. Penney, fiquei impressionado com a explicação do que é ser uma pessoa íntegra e seguir a loja Golden Rule. No treinamento, éramos encorajados a tratar as pessoas como gostaríamos de ser tratados. Descobri que J.C. Penney era um cristão bem-sucedido. Ele também atravessara muito sofrimento na vida.

Em 1898, ele estabeleceu a loja Golden Rule, com preços baixos. Ele era um "feixe de energia" e "como uma pessoa em perpétuo movimento". Contratava homens iguais a ele, com os mais elevados negócios e padrões de moral.

Entretanto, em 1910, a sua esposa morreu, e ele sentiu-se abandonado por Deus. Em 1919, casou novamente, e desfrutou da prosperidade. Contudo, em 1923, a segunda esposa também morreu, e ele refugiou-se no trabalho.

Casou-se pela terceira vez. Em 1929, a sua fortuna chegava a 40 milhões de dólares, mas então veio a grande depressão, e ele perdeu o dinheiro, bem como a sua excelente reputação.

J.C. Penney acabou num sanatório em Battle Creek, emocional e fisicamente abalado. Quando se achava prestes a morrer, e não se esperava que ele passasse daquela manhã, ele ouviu, em seu aposento, um hino familiar que vinha da capela. Quase morrendo, pediu a Deus que o ajudasse. Numa extraordinária metamorfose, ele sentiu a sua carga ser levantada; foi dramaticamente transformado e saiu da instituição com as próprias forças. Ele tornou-se um homem com uma profunda fé em Deus.

No final da década de 1930, voltou a prosperar, representando a J.C. Penney Company em toda a nação. Ele doou milhões e, por décadas, comunicou vigorosamente os seus valores e a sua fé. Aos noventa anos, ainda era forte.[6]

Líderes salubres constroem saúde numa organização, são mentores para que as pessoas vivam em equilíbrio, e encorajam a criatividade, as novas ideias, o crescimento e a vida.

Líderes tóxicos suscitam desconfiança, medo e intimidação, e tiram a energia e a criatividade da organização. Geralmente são antipáticos. Muito.

Queremos que as pessoas confiem em nós?

O sucesso constrói-se sendo alguém confiável, com quem a família, os amigos, os pares, os empregados e empregadores possam contar.

Dennis e Michelle Reina são os fundadores do Reina Trust Building Institute. Em seu artigo: "Building Sustainable Trust" (Construindo a Confiança Sustentável), eles destacam comportamentos de pessoas em quem confiamos — e comportamentos de pessoas em quem não confiamos.

Inclinamo-nos a confiar em pessoas que:

- São autoconscientes;
- Assumem a responsabilidade em seu papel no relacionamento;
- Demonstram considerar os melhores interesses dos outros, em vez de os próprios;
- Fazem o que prometem;
- Praticam os valores que afirmam ser importantes para eles;
- Dispõem-se a reconhecer e considerar ambos os lados da história;
- Ouvem e respondem às nossas necessidades e interesses;
- Estão prontas a pensar naquilo que terão de oferecer, bem como no que esperam receber.

Não somos inclinados a confiar em pessoas que:

- São egoístas e absortas;
- Não demonstram interesse pelas necessidades dos outros;
- Não se dispõem a aceitar responsabilidades por suas ações;
- Falam e fofocam sobre os outros pelas costas;
- Culpam os outros, sem olhar para o próprio papel na situação;
- Fazem julgamentos instantâneos e tiram conclusões, antes de ouvir toda a informação;
- Mudam constantemente as regras;
- São inconsistentes em seu comportamento, de modo que não sabemos o que esperar;
- Torcem a verdade, omitindo informações propositalmente.

A confiança é fundamental. Devemos livrar-nos de qualquer comportamento tóxico. Simplesmente não podemos sobreviver, muito menos ser bem-sucedidos, se não nos importarmos em sermos confiáveis àqueles que nos conhecem mais de perto.

Todos somos administradores de nosso temperamento, comportamento e atitudes. Ninguém pode policiar-nos o tempo todo. Ninguém pode controlar o que pensamos — a não ser a pessoa que contemplamos no espelho.

O principal modo de deixar a toxicidade fora de nosso sistema, de cicatrizar o ferimento, e superar os desapontamentos que nos causaram é entender a fórmula de Deus para a vida.

O Divino Mandamento do Amor

"Amarás o Senhor, teu Deus, de todo o teu coração, e de toda a tua alma, e de todo o teu pensamento. Este é o primeiro e grande mandamento. E o segundo, semelhante a este, é: Amarás o teu próximo como a ti mesmo" (Mt 22.37-39).

Amar ao Senhor, seu Deus, de todo o coração, alma e mente. Amar ao seu próximo como a si mesmo? As pessoas sempre compreendem totalmente a primeira parte — amar a Deus. Mas amar a outrem como amamos a nós mesmos? Muitos diriam: "Eu sequer gosto de um monte de gente, e às vezes nem gosto de mim mesmo".

Amar a si mesmo é quase sempre um desafio. Por quê? Sabemos quem somos. Conhecemos o nosso esforço, nossos fracassos, nossas faltas e as coisas com que não estamos felizes. Contudo, a Bíblia não cometeu um engano ao dar-nos esta prioridade.

Ame a Deus. Ame a si mesmo: você é um filho de Deus. **Ame as pessoas:** todos foram criados à imagem de Deus.

Amar a Deus é algo que envolve confiança, bem como aceitação de seu perdão, redenção (uma palavra alusiva a "Ele pagou por todos os nossos pecados"), e o seu amor e compaixão constantes por nós.

O amor de Deus por você é muito parecido com o amor que você tem por seu filho. Só que Deus não conhece apenas o nosso comportamento, mas também nossos pensamentos e motivações. A compreensão que Ele tem de nós é completa. Ele sabe quem somos e, contudo, nos ama, porque, como crentes em Cristo, somos seus filhos. Se você é pai, ou mãe, os seus olhos estão sobre os seus filhos. Você deseja que eles tenham um ótimo dia, sejam felizes, saiam-se bem em qualquer desafio que lhes apareça pela frente, e encontrem contentamento em suas vidas e seus relacionamentos com Deus.

Deus tem sempre os olhos sobre nós. Uma das definições de Deus é: "Deus é amor" (1 Jo 4.16, ARA). Amar a nós mesmos é, geralmente, o desafio.

A primeira pessoa a quem você deve amar é VOCÊ. Então você será mais compassivo, compreensivo, e amoroso para com os outros. Alguns pensam que isto é orgulho, falta de humildade. Não é, se primeiramente amarmos a Deus, reconhecermos que somos dotados por ele, e continuamente nos lembrarmos de que somos criação sua. Tudo o que somos, possuímos e fazemos é por causa dEle. Devemos cuidar de nós mesmos, sabendo que somos filhos de Deus. A Bíblia nos elucida que "Nunca ninguém aborreceu a sua própria carne; antes, a alimenta e sustenta" (Ef 5.29).

Como cuidar de si mesmo? Se é para sermos emocionalmente estáveis, mentalmente sãos, e termos um entendimento básico de como cuidar nós mesmos, como definiríamos isto? Você pode mensurar seu amor por outra pessoa pelo tanto que ama a si próprio. A sua autoimagem é importante. A visão que temos de nós mesmos eventualmente manifestar-se-á no modo como tratamos os outros.

O autor e orador motivacional, Paul J. Meyer acredita que uma autoimagem negativa prejudicará grandemente a nossa vida. Em seu livro, *Unlocking Your Legacy* (Destrancando o seu Legado), ele afirma que, não obstante o pano de fundo de nossa vida, aquilo que nos dispomos a ser é a única coisa que realmente conta. E aquilo que nos dispomos a ser depende grandemente do que acreditamos e do que estamos dispostos a fazer a respeito de nossa autoimagem.[7] Paul lista barreiras que sabotarão a autoimagem da pessoa:

- "Estou confortável." — Estando na zona de conforto e vivendo no atual nível de sucesso é mais fácil e menos estressante que empregar esforços para fazer as mudanças necessárias.
- "Tenho medo de fracassar." — Medo de cometer um erro ou de arriscar-se a possíveis fracassos desencoraja a tentativa de qualquer coisa nova ou diferente.
- "A desaprovação dói." — O desejo de evitar desaprovações, de si mesmo ou dos outros, limita muita gente a ter um comportamento calculado para agradar.
- "Não quero complicar as coisas." — A ansiedade sobre mudar o *status quo* convence alguns de que mudança é algo negativo e que não vale o risco.
- "Não possuo os requisitos." — A mentalidade pobre, somada a um falso senso de inferioridade, leva algumas pessoas a acreditar que não merecem a recompensa de usar o seu potencial pleno.
- "O sucesso pode não ser bom para mim." — Um medo ilógico do sucesso impede muita gente de romper a barreira do sucesso. Tais pessoas sentem-se indignas, ou temem não saber lidar com o êxito; então, conscientemente, o evitam.
- "Deus não quer que eu obtenha sucesso." — Essa crença infundada a respeito de Deus derruba muitos e grandes sonhos.

> As Escrituras dizem "Desejo que te vá bem em todas as coisas e que tenhas saúde, assim como bem vai a tua alma" (3 Jo 1.2).[8]

Paul J. Meyer pensa que o sucesso significará algo diferente a todo mundo, porque todos veremos a vida através de nossas lentes exclusivamente coloridas. Ele acredita que o sucesso que buscamos pode tornar-se realidade, quando trocarmos nossas crenças limitantes por uma autoimagem mais positiva.

Você deve amar as pessoas. Tente ver as pessoas com simpatia e compreensão, lembrando que Deus tem expectativas para nós. Não há nada de errado em se ter expectativas razoáveis para com aqueles a quem gerenciamos, lideramos, ou de quem somos pais, e a quem genuinamente amamos, e cujo futuro nos preocupa.

Muitos se sentem desconfortáveis em exigir que as pessoas lhes prestem contas, mas Deus exige o mesmo de nós. Na verdade, Ele disciplina aqueles a quem ama. Gosto de recordar a mim mesmo estas disciplinas:

- Examine aquilo que você espera.
- A confiança se ganha.
- O verdadeiro respeito não vem por causa de um título; é adquirido — uma decisão de cada vez.

Amar as pessoas envolve olhar além de suas faltas e imperfeições — até mesmo suas imoralidade, padrão de comportamento, e hábitos que possam nos desgostar; olhar profundamente e descobrir a essência da pessoa que podemos amar.

Algumas pessoas são mais fáceis de serem amadas do que outras. Alguns comportamentos são mais fáceis de serem perdoados que outros, e alguns assuntos são carregados de teor negativo. Contudo, podemos achar um modo de amar as pessoas.

Tive a oportunidade de conhecer algumas pessoas que trabalharam bem próximas ao pastor Billy Graham. Quando eu era pastor, seu filho Ned pastoreava uma igreja distante cerca de um quilômetro e meio da nossa. Às vezes, Ned e eu nos reuníamos para um almoço ou café, e conversávamos sobre vários assuntos — inclusive o seu pai. Que tema! Em nossa geração, Billy Graham tentou, continuamente, demonstrar sua integridade e seu amor às pessoas.

Dois anos após a trágica destruição do World Trade Center, o Dr. Graham estava realizando um evento em um estádio do Texas. O golpe horrendo em nosso país fizera com que alguns americanos enxergassem como suspeitos todos os muçulmanos.

O *Dallas Morning News* entrevistou Billy Graham e fez-lhe a seguinte pergunta: "Dr. Graham, o senhor tem uma mensagem aos muçulmanos do Texas?" Ele respondeu: "Deus os ama, e eu os amo".[9]

Temas como a "agenda homossexual" ou outros comportamentos podem causar-nos desgosto. Podemos ter a nossa opinião e ainda reconhecer a verdade de que existem pessoas com vidas complicadas, que necessitam experimentar o amor de Deus.

No programa de televisão *20/20*, Hugh Downs perguntou a Billy Graham: "Se o senhor tivesse um filho homossexual, o amaria?" Ao que ele, ternamente, respondeu: "Ora, eu amaria a esse filho ainda mais".[10]

A religião, a orientação sexual, e o comportamento de uma pessoa podem ser um real desafio a alguns de nós. Mas, recordemo-nos de onde viemos. Sei disso pessoalmente, porque, no dia em que decidi confiar em Cristo, eu era só confusão e erros. Ao longo dos anos, Deus, gentilmente, tem me lembrado de como aperfeiçoar a minha vida à semelhança da vida de Cristo.

Alguns comportamentos negativos foram deixados por mim imediatamente, contudo outras atitudes levaram anos para que Deus, pacientemente, me moldasse. E o Senhor continuará trabalhando em minha vida porque sou seu filho.

Creio que *todo mundo* — não importa a religião, o estilo de vida, ou o comportamento doentio — quer experimentar Deus. Por quê? Porque todos fomos criados à imagem dEle e procuramos meios de conhecer ao nosso Criador.

Podemos não ter qualquer relacionamento contínuo em que escolher amar, consistentemente, outras pessoas fora de nosso casamento e nossa família. Toda família experimenta desgostos, desentendimentos e decepções. Não obstante, *escolhemos* amar. Conforme diz frequentemente Gary Smalley: "O amor é uma decisão".[11] Na verdade, esta frase é título de um de seus livros.

Falando de seu longo casamento com a dona Ruth, o pregador Billy Graham foi indagado acerca do "segredo do amor". A sua resposta? "Ruth e eu somos, felizmente, incompatíveis".[12] A maioria de nós sabe que, às vezes, somos incompatíveis àqueles a quem amamos.

Às vezes, amamos os filhos, as pessoas que trabalham para nós, ou os nossos vizinhos desrespeitosos, com um "amor duro". Embora necessitemos disciplinar nossos filhos, ou exigir que as pessoas nos prestem contas, devemos fazê-lo em amor.

C. S. Lewis afirmou: "O amor é algo mais rigoroso e esplêndido do que a mera bondade".[13] Jim Bakker procedeu erradamente (adultério, suborno, uma situação imobiliária que acabou mal, etc.), e consequentemente perdeu a maior parte do que adquirira na vida. Jim conta que muita gente não sabe que, enquanto ele esteve na cadeia, Ruth Graham "pegou na biblioteca de Billy todas as Bíblias que ele não estava usando e deu-as a Jim, para que ele as distribuísse entre os seus companheiros de prisão". Quando Bakker foi posto em liberdade, os Grahams pagaram uma casa para ele morar e arranjaram-lhe um carro.[14]

Os Grahams achavam que Jim Bakker cometera muitos erros? Certamente que sim. Mas eles recordam-nos de que escolhemos amar as pessoas no sofrimento, na má conduta, nos desapontamentos e... em seus pecados.

O amor cobre multidão de pecados (1 Pe 4.8 ARA).

---

1 http://www.quotationspage.com/quote/30186.html.
2 Jean Lipman-Blumen, *The Allure of Toxic Leaders* (Nova York: Oxford University Press, 2005), p. 17.
3 Ibid., p. 19.
4 Ibid., p. 19,20.
5 Ibid., p. 20.
6 Harold Myra e Marshall Shelley, *The Leadership Secrets of Billy Graham* (Grand Rapids, MI: Zondervan, 2005), pp. 186,187.
7 Paul J. Meyer, *Unlocking Your Legacy* (Chicago, IL: Moody Press, 2002), p. 90.
8 Ibid., pp. 90,91.
9 Myra e Shelley, *Leadership Secrets of Billy Graham*, p. 316.
10 Ibid., p. 317.
11 www.smalleyonline.com/articles/m_lovedecision.html.
12 Myra e Shelley, *Leadership Secrets of Billy Graham.*
13 Ibid., p. 322.
14 Ibid., p. 323.

A Lixa da Vida

CAPÍTULO 9

Esses eram tempos em que um gênio desejaria viver. Não é na calmaria da vida, nem no repouso de uma situação pacífica, que se formam os grandes desafios... Grandes necessidades fazem surgir grandes virtudes.[1]

Harry Truman descobriu-se um grande líder nos campos de batalha da França. Ele se achava nas Montanhas Vosges, quando a sua posição foi bombardeada pelos alemães. Como chefe de uma bateria de artilharia, ele viu seus homens entrarem em pânico, bem como o seu cavalo, que caiu sobre ele, quase o matando.

O historiador David McCullough escreveu na biografia de Trumam que o futuro presidente arrastou-se de sob o cavalo e suplantou o próprio medo, gritando aos seus homens até que a maioria deles retornou aos seus postos. Os homens de Trumam nunca se esqueceram que a coragem de seu líder, sob fogo, salvou-lhes a vida. E Trumam descobriu que possuía gosto e talento para a liderança.[2]

Pesquisando para o seu livro Geekes *& Geezers,*[3] Warren G. Bennis e Robert J. Thomas entrevistaram 50 líderes — alguns com 75 anos ou mais, e o restante, de 35 anos para baixo. Em cada caso, descobriram que a liderança emergira depois de uma experiência decisiva ou acrisoladora. Essas experiências ocorreram em provações e, entre os mais velhos, em tempos de guerra.

Os crisóis de nossos líderes incluíram tragédias pessoais, como a do repórter de televisão, Mike Wallaces, que descobriu o corpo do filho após um acidente na Grécia; e a do pioneiro em negócios globais, Sidney Rittenberg, que passou 16 anos de angústia nas prisões chinesas, muitos deles em confinamento solitário, geralmente no escuro. Descobriu-se que "vez após vezes... algo mágico acontece no crisol: alquimia, por meio da qual o medo e o sofrimento são transformados em algo glorioso e redentor.

"Este processo revela, e possivelmente cria, liderança — a habilidade de inspirar e mover outros à ação. Encontramos, em todos eles, inteligência, otimismo, e outras peculiaridades tradicionalmente associadas à liderança. Contudo, estes traços não são garantia de que a alquimia da liderança terá lugar. Inúmeras pessoas talentosas são destruídas pelo sofrimento. Os nossos líderes revelaram-se em suas provações, por razões que ainda não compreendemos plenamente. Não importa qual tenha sido a experiência marcante, os nossos líderes foram capazes de encontrar sentido nela e organizar o significado em torno dela — significado que, subsequentemente, atraíram seguidores. Em vez de serem aniquilados por suas provações, eles enxergaram-nas como jornadas heróicas. Qualquer que fosse a sua idade, estes homens e mulheres criaram a sua lenda. Sem falsidade, eles construíram uma versão nova e melhorada de si mesmos. Em muitos casos, como o de Trumam, a provação e a interpretação que a pessoa fez de si própria levaram outros a seguir o líder recém-revelado."[4]

Pessoas bem-sucedidas têm uma história de erros
e colhem as suas faltas.[5]

O arcebispo Desmond Tutu, ganhador do prêmio Nobel da Paz, riu enquanto proferia: "É natural sentir-se horrível quando as coisas se tornam péssimas... mas não deixe isto parar você. As emoções são uma tempestade que assolam a vida... Este revés que você sofreu importa menos do que o que você anseia criar".[6]

Provações, adversidades, apuros e pressões são parte da lixa que pode tornar-nos melhores naquilo que fazemos, e até mesmo ajudar a descobrir talentos que não sabíamos possuir. A vida pode ser cruel, relacionamentos confiáveis podem decepcionar, e a pessoa que achávamos que sempre estaria lá pode não estar. Quando estamos desapontados, é sempre difícil encontrar alguém que nos ajude a levantar; quando estamos de pé, há muita gente à nossa volta.

Não há dúvidas: a maioria das pessoas bem-sucedidas acharam um modo de concentrar-se em seus sonhos, aprender por meio de tempos difíceis, e encontrar resiliência. E elas compreendem que precisam prosseguir sozinhas com a maior parte das coisas que fazem.

Pesquisando para escrever *Success Built to Last,* o autor descobriu muitas características comuns entre pessoas a quem chamaríamos de "bem-sucedidas".

Em centenas de entrevistas, nunca encontramos alguém que não tivesse dificuldades ou fracassos em seu portfólio de experiências. As pessoas notáveis dão um passo atrás e dois à frente, na maioria dos desafios — e às vezes, dois passos atrás e um à frente. Elas colhem conhecimentos e lições úteis daquilo que não funciona, e demonstram uma extraordinária resiliência e capacidade de sair da adversidade.[7]As provações, os desafios, as pressões e os fracassos são o que chamo de "lixa da vida".

Ao enfrentar um desafio extremamente difícil, ou ao tropeçarmos na vida, temos uma escolha: Aprender e tirar vantagem de nossos tempos difíceis, experiências ruins e decisões erradas, ou permitirmos que esses tempos e memórias nos imobilizem na estrada.

O crisol é para a prata, e o forno, para o ouro; mas o Senhor prova os corações (Pv 17.3).

Em meio a nossas batalhas pessoais, frequentemente precisamos procurar dentro de nós a força sobrenatural que somente Deus pode prover. Quando em uma crise, em um conflito interminável, ou em estresse prolongado, precisamos ser cautelosos, porque os desafios podem levar-nos a, impulsivamente, cometer erros. Despender tempo pensando, orando e processando durante uma tempestade é um modo de se encontrar a sabedoria para entender o que está acontecendo, bem como o conhecimento do que devemos fazer.

As pessoas bem-sucedidas não são permanentemente imunes.
Elas apenas toleram os riscos, sentem o medo, recebem as pedradas, aprendem com as falhas e, de qualquer modo, fazem o que importa.[8]

"Muitas pessoas bem-sucedidas não são otimistas eternas. Elas experimentam altos e baixos emocionais como todos nós, e usualmente enfrentam o desânimo. Os dias nem sempre são um mar de rosas, mas uma oportunidade de reagir e seguir adiante, não importando como se sentem no momento, ou se o revés resultou de sua própria tolice ou da falta de sorte... Elas não culpam os outros por suas circunstâncias; antes, concentram sua atenção em ações dentro de seu controle, de modo que possam resolver ou lidar com o problema."[9]

Adversidade: um amigo maravilhoso ou...
um terrível inimigo.

Por que algumas pessoas enfrentam tremendos infortúnios na vida, mas tomam a decisão de se levantar e lutar? Uma resposta óbvia é que elas decidem não desistir, mas aprender de cada experiência e, na próxima vez (quem sabe) fazer as coisas de modo diferente.

Esprema avidamente cada gota de conteúdo útil, para que
possa fazer melhor na próxima vez.[10]

No século XXI, esperamos que os heróis sejam perfeitos. Creio que a mídia deu-nos amplamente a percepção de que quando estamos no topo de nosso esquema, de algum modo não cometemos erros, e a vida torna-se mais fácil. Aqueles que já estiveram lá pensam de modo diferente.

Estar "no topo do esquema" é geralmente solitário. Decisões rápidas devem ser tomadas, a pressão por realizações está sempre presente, e em meio a tudo isto, os equívocos e as reprovações são comuns.

Muitos se chocam ao descobrir que o "bem-sucedido" tem imperfeição. Tem? Todos temos pés de barro. As pessoas nos decepcionam, os pastores e líderes podem desapontar-nos, e se olharmos fundo o bastante, todos farão algo que achamos que faríamos diferente.

Por quê?

Ninguém é perfeito, mas todos podem crescer de uma experiência desafiadora para outra. Todos podemos nos tornar melhores, ao enfrentar a pressão de decidir o que devemos fazer, ou em que desejamos nos transformar.

Há demasiada comparação entre o que nós fazemos e o que as outras pessoas estão fazendo, e entre o que somos e o que os outros são. Às vezes, somos cegados por suas realizações, façanhas e sucessos. Podemos colocá-los em "pedestais" irrealistas, e dizemos a nós mesmos que só teremos "conseguido" quando nos tornarmos como eles, ou quando a nossa organização se tornar como *aquela*.

O nosso foco deve estar em nós mesmos. Como *nós* podemos aprender, tornarmo-nos melhores, mais bondosos, mais sábios, e mais desenvolvidos como líderes? A comparação de nós mesmos aos outros nunca é acurada, e geralmente nos leva a desapontar naquilo em que devemos nos tornar. De fato, se chegarmos a conhecer realmente "aquela pessoa", descobriremos outro ser humano, que também tem um monte de lutas, deficiências e falhas.

Os antigos gregos olhavam as adversidades e os fracassos de um modo bem diferente do que faz a maioria de nós. Eles compreendiam que os seus heróis eram imperfeitos; e se o herói falhasse em aprender as lições oferecidas por suas falhas, então o fim era trágico. O sucesso não vinha da genialidade, e raramente provinha do talento. Somente se o herói reconhecesse a verdade e a sabedoria em suas fraquezas, a história terminaria bem.

As pressões, os reveses, e o aprender das experiências negativas podem ser alguns de nossos melhores amigos — se tirarmos vantagem dessas ocasiões desafiadoras e lembranças dolorosas, e as usarmos como oportunidades para nos tornarmos melhores.

Também nos gloriamos nas tribulações, sabendo que a tribulação produz a paciência; e a paciência, a experiência; e a experiência, a esperança (Rm 5.3,4).

Por que alguns são derrubados na vida e permanecem onde caíram? Alguns simplesmente sentem-se cansados demais para pôr-se em pé. Parecem não encontrar forças para ser resiliente e necessitam da ajuda de pessoas caridosas e de Deus. Muitos continuam abatidos e experimentam mudanças negativas. Tornam-se irados, amargurados e duros. Lutam pelas razões erradas. O comportamento passivo-agressivo motiva-os, e a paixão que vem de se sentir magoado, enraivecido e desapontado leva-os a fazer o que fazem. Alguns permanecem desacorçoados na escura sala da vergonha e da culpa, e mentalmente repassam: "E se eu tivesse feito desse modo?" ou "Se eu tão somente houvesse...". Qualquer uma dessas escolhas trará prejuízo e levará embora o sucesso verdadeiro.

Carl Lewis, o campeão olímpico, declarou: "Não se pode mudar o que não se reconhece. Mais importante que esta competição é como passar o ano. Podemos nos sentir torpes quanto ao nosso desempenho, mas analisamos o que aconteceu e usamos essa experiência para vencer na próxima vez".[11]

Para superar a paralisia da vergonha e da culpa, primeiro temos de reconhecê-la. Para atravessarmos experiências onde as pessoas, a empresa, a igreja, ou um amigo de confiança nos decepciona, é preciso admitirmos a nossa nova realidade.

"A dor está lá, e fingir que não está não é saudável", aconselhou a médica Martha Reitman. "Quando leva um golpe, a pessoa entra em choque por um tempo e, então, ocorrem todos os estágios graduais da lamentação — da dor à culpa, à raiva, à recuperação. Admitir isto é crucialmente importante, se formos lidar com o ocorrido. É quando podemos começar a ser consolados. Podemos reconstruir, fazer uso daquilo — e isto é muito afirmador. É uma questão de para onde levar tudo isso".[12]

As coisas se tornam melhores para as pessoas que fazem o melhor daquilo em que as coisas se tornaram.[13]
— John Wooden

As pessoas que escolhem admitir os pontos cegos, olham para o que causou o fracasso, compreendem que não há trabalho perfeito (ou pessoa), e recusam-se a "desperdiçar os seus pêsames", tornar-se-ão mais fortes, mais sábias, e melhores naquilo que fazem. Com demasiada frequência, as pessoas lutam com empecilhos e tomam decisões que não são dignas de serem experimentadas outra vez — quando cada experiência pode ensinar-lhes uma valiosa lição.

O sucesso é 90% fracasso.[14]
— Soichiro Honda

As pessoas bem-sucedidas não negam os seus fracassos e tempos difíceis. Não permitem que a adversidade ou o insucesso as paralise e as impeça de prosseguir.

Elas podem continuar com a sensação de buraco no estômago por não fazerem tudo o que gostariam, ou por não serem tudo o que desejariam, mas resolveram administrar estes sentimentos, incluí-los em sua história de vida, lidar com eles, e não deixar que experiências passadas as interrompam. Para muitas, a experiência do vale transforma-se na visão da vida descortinada do topo da montanha.

O sucesso parece estar conectado à ação. Pessoas bem-sucedidas continuam se movendo. Cometem erros, mas não desistem.[15]
— Conrad Hilton

Uma Causa Maior que nós Mesmos

Por que alguns veem a adversidade como um exercício para se tornarem melhores? Usar a aflição para promover o crescimento? Aceitar os desafios e usá-los como oportunidades de melhorar? O senador John McCain expressou: "Embora o sucesso possa ser facilmente definido como a conquista das metas, há uma diferença entre sucesso temporário e sucesso duradouro. Não acredito que se possa alcançar o sucesso permanente, a menos que se adicione outro ingrediente à mistura, que é o servir a uma causa maior que nós mesmos. É disso que se trata o sucesso durável".[16]

Ele sabia do que estava falando!

Sejam quais forem as suas opiniões políticas, e não importa em quem você tenha votado na última eleição presidencial, todos podemos concordar que John McCain suportou inacreditável pressão, sofrimento, adversidade, medo e todas as espécies de desapontamentos. Não obstante, de algum modo, ele encontrou um jeito de combater. Tornou-se senador dos Estados Unidos e foi escolhido por seu partido político para ser o candidato a presidente da nação. Com as próprias palavras, ele falou de um período incrivelmente desfavorável em sua vida.

> Era o dia 6 de outubro, de 1967. Eu me achava em minha vigésima terceira missão, voando num mergulho direto para o coração de Hanói, quando um míssil russo, do tamanho de um poste telefônico, veio em minha direção — o céu estava cheio deles — e explodiu a asa direita do meu bombardeiro Skyhawk. Ele desceu num giro inverso, quase vertical.
>
> Puxei a alavanca ejetora, e o forte impacto da ejeção deixou-me inconsciente. A velocidade do ar era de aproximadamente 500 nós. Não percebi no momento, mas eu havia quebrado a perna direita em volta do joelho, o braço direito em três lugares, e mais uma fratura no braço esquerdo. Recobrei a consciência segundos antes de aterrissar de paraquedas num lago de Hanói, chamado Western Lake. Meu capacete e minha máscara de oxigênio haviam sido arrancados.
>
> Atingi a água e afundei até o leito. Acho que a profundidade do lago é de aproximadamente cinco metros, talvez sete. Bati no fundo. Não senti qualquer dor naquele momento, e pude subir à superfície. Sorvi o ar e comecei a afundar novamente. Claro, eu estava carregando uns 23 quilos, no mínimo, de equipamentos.

> Descendo ao fundo, dei um jeito de impulsionar-me à tona mais uma vez. Eu não entendia por que não conseguia usar a perna direita ou o braço. Sentia-me estupefato. Afundei novamente, e dessa vez não fui capaz de retornar à superfície. Eu estava usando um tipo de colete salva-vidas inflável, que parecia asas de água. Consegui agarrar o pino entre os dentes e inflar o salva-vidas. Finalmente, flutuei à tona.
>
> Alguns norte-vietnamitas nadaram até mim, puxaram-me à margem do lago, e imediatamente puseram-se despir-me, como é o seu procedimento padrão. O lago ficava no meio da cidade, e logo uma multidão aglomerou-se, falando alto, gritando, amaldiçoando, cuspindo e chutando-me.
>
> Quando arrancaram a maior parte de minhas roupas, senti uma pontada no joelho direito. Sentei-me e olhei para ele, e vi que o meu pé direito repousava junto ao joelho esquerdo, num ângulo de noventa graus. "Deus", exclamei, "a minha perna!" Isso pareceu enfurecê-los, não sei por quê. Um deles golpeou-me o ombro com um rifle, quebrando-o gravemente. Outro espetou-me o pé com uma baioneta. A multidão achava-se altamente irritada.[17]

John McCain passou cinco anos e meio como prisioneiro no Vietnã do Norte. Recebeu um mínimo de cuidados por seus ossos quebrados, viveu em terríveis condições, passou grande parte desse tempo confinado numa solitária. Rejeitou oportunidades de ser solto, e tornou-se um herói para os seus companheiros de cela, porque decidiu "servir a uma causa maior que ele".

Pessoas bem-sucedidas definem esta "causa" de maneiras diferentes. Todavia, alcançando ou mantendo o sucesso, entendemos que a adversidade pode ser usada para ajudar-nos a encontrar aquela verdadeira "causa maior que nós mesmos". Com isto, vem a satisfação que se acha além daquilo que muitos definem como sucesso.

O apóstolo Paulo tinha um "espinho" na carne, e enxergava isso como algo que o ajudaria a conservar-se humilde, enquanto realizava coisas fantásticas para Deus (2 Co 12.7). Ele escreveu treze livros da Bíblia, iniciou várias igrejas, e muitos o consideram o maior dos apóstolos.

Jacó "coxeava" por haver perdido uma luta com um anjo (alguns interpretam que ele lutou com Deus). Em resultado, ele coxeou através da vida, mas usou esta deficiência para tornar-se um líder mais forte. Ele compreendeu que não podia competir com Deus e vencer. Ao contrário disso, como era continuamente lembrado (pela coxeadura), deveria depender da ajuda de Deus. O Senhor deu-lhe um novo nome: Israel — e Israel veio a ser uma grande nação.

Moisés "gaguejava" e não queria ser o porta-voz do povo de Deus. Ele não sentia que a sua capacidade de comunicar-se fosse adequada àquela tarefa. A sua adversidade era uma perceptível falta de comunicação eficaz. O seu obstáculo à fala tornou-se a sua vantagem, quando ele entendeu que deveria depender de Deus para dar-lhe palavras e operar milagres que precisavam ser vistos.

A adversidade de Rute era que o seu marido e o seu sogro haviam morrido, e ela tornara-se uma "pedinte" para alimentar-se; e a moça sentiu-se obrigada a auxiliar a sogra. Ela era pobre, e tinha de procurar o cereal deixado pelos fazendeiros, quando faziam a colheita. Eventualmente, teve de buscar ajuda com um rico proprietário de terras.

O homem notou-a e comentou: "Bem se me contou quanto fizeste à tua sogra, depois da morte de teu marido, e deixaste a teu pai, e a tua mãe, e a terra onde nasceste, e vieste para um povo que, dantes, não conheceste. O Senhor galardoe o teu feito, e seja cumprido o teu galardão do Senhor, Deus de Israel, sob cujas asas te vieste abrigar" (Rt 2.11,12).

A sua decisão em fazer a coisa certa, apesar de suas circunstâncias, conquistou-lhe o favor do rico fazendeiro que, mais tarde, casou-se com ela. Rute engravidou, e Davi e Jesus descenderam de sua linhagem.

A adversidade do apóstolo Pedro era, geralmente, causada por sua natureza impulsiva e seu medo. Embora a sua fraqueza quase o impedisse de ser um grande líder cristão, ao compreender que fora perdoado, tornou-se destemido. Com a ajuda de Deus, transformou sua natureza impulsiva em "sábia ousadia", e o medo, em fé.

José foi vendido à escravidão pelos próprios irmãos. A sua adversidade era quádrupla: rejeição por parte dos irmãos, falsamente acusado de violação sexual, sentenciado à prisão, e esquecido, em vez de auxiliado, pelos companheiros de cela, a quem ele ajudara a ser libertos.

O rapaz não se tornou odioso ou amargurado. Ao contrário, deixou que as experiências negativas o ajudassem a confiar em Deus. Como resultado, Deus o abençoou em cada circunstância — até mesmo na prisão (Gn 37—50). Eventualmente, José tornou-se o braço direito de Faraó, e foi usado para salvar a vida de milhares de pessoas.

Quando Davi tornou-se popular entre o povo, foi sabotado por seu chefe. A sua adversidade foi a rejeição e a sabotagem, bem como o enfrentamento de várias tentativas de assassinato. Ele decidiu não revidar, mas confiar em Deus como seu defensor. A adversidade ajudou-o a compreender que precisava desesperadamente do auxílio divino. Em resultado, muitos o consideram o maior rei que Israel já teve.

Davi também sofreu adversidade quando, pessoalmente, a suscitou. Ele cometeu adultério, mentiu a respeito, e assassinou o cônjuge traído. A sua parva decisão trouxe tremenda aflição e desapontamento a sua vida. Ele acabou fazendo a escolha certa, ao reconhecer o seu pecado, pagar o preço de seu erro, e aprender com o seu fracasso.

> *O sucesso de um homem não se mede por suas realizações,*
> *mas pela oposição enfrentada e pela coragem com que ele mantém*
> *a batalha contra as desigualdades opressoras.*[18]
> — Charles Lindbergh

A nossa empresa, nossa carreira, nossa igreja, e até mesmo a nossa vida, podem ser repletas de duros desafios. Podemos ter problemas físicos, emocionais, financeiros ou pessoais. Pode ser a dor dos erros e fraquezas do passado, que nos faz sentir vontade de não sair da cama pela manhã.

Você e eu podemos apreciar que o sucesso seja construído sobre o fundamento dos desafios.

Suas Escolhas?

- Você pode ir embora.
- Você pode simplesmente aguentar e fazer o serviço, mas sem lutar pela coisa certa.
- Você pode ficar e fazer o que sente ser o certo.

Algumas Questões

Se você não enfrentar a coisa, quem o fará? Se você não deixar esta adversidade ser a sua oportunidade, como poderá desenvolver o tipo de sucesso que, de outra forma, seria possível? Por que desperdiçar suas condolências, seu sofrimento, seus enganos, ou suas incríveis provações?

A Grande Provação

O apóstolo Paulo escreveu sobre uma das adversidades mais desafiadoras de sua vida: "Não queremos, irmãos, que ignoreis a tribulação que nos sobreveio na Ásia, pois que fomos sobremaneira agravados mais do que podíamos suportar, de modo tal que até da vida desesperamos. Mas já em nós mesmos tínhamos a sentença de morte, para que não confiássemos em nós, mas em Deus, que ressuscita os mortos; o qual nos livrou de tão grande morte e livrará" (2 Co 1.8-10).

Paulo admitiu estar em dificuldades. Naquela circunstância, a sua adversidade era simplesmente não ter mais forças e achar que ia morrer. Ele decidiu parar de tentar fazer seu trabalho na própria força, e fiar-se em Deus. E Deus o livrou!

A sua dolorosa situação tornou-se a sua oportunidade de confiar em Deus, que queria ajudá-lo. É seguro dizer que, sem aquela adversidade, Paulo não teria confiado em Deus (naquela circunstância). Ele aprendeu uma valiosa lição na vida. A adversidade pode ser usada para ajudar-nos a crescer, confiar e depender de Deus.

Uma Advertência

Aprendemos com os nossos fracassos, superamos as disparidades, conformamo-nos com as decepções, e escolhemos não ficar amargurados. Como resultado, tornamo-nos melhores e mais bem-sucedidos. Não nos esqueçamos de que a nossa dor, nossas adversidades, nossos desapontamentos e erros ajudaram-nos a nos tornar quem e o que somos.

A vida nos atirará mais decepções, mais experiências desafiadoras, mais adversidades, tudo com — esperançosamente — menos erros. Isto é bom, porque a adversidade, a "lixa da vida", mantém-nos afiados, polidos, sem arestas, e faz de nós pessoas melhores (mais bem-sucedidas). A adversidade sempre estará presente, porque carecemos dela.

---

[1] John Antonakis, Anna T. Cianciolo, e Robert J. Sternberg, editores, *The Nature of Leadership* (Thousand Oaks, CA: Sage Publications, 2004), p. 333.

[2] http://www.pbs.org/newshour/character/essays/truman.html.

[3] Warren G. Bennis e Robert J. Thomas, *Geeks and Geezers* (Boston, MA: Harvard Business School Press, 2002).

[4] Ibid.

[5] Jerry Porras, Stewart Emery, e Mark Thompson, *Success Built to Last* (Nova York: Plume Books, 2007), p. 8.

[6] Ibid., p. 130.

[7] Ibid., p. 9.

[8] Ibid., p. 143.

[9] Ibid.

[10] Ibid., p. 136.
[11] www.del.wa.gov/publications/communications/docs/DEL_Newsletter_Set2008.pdf.
[12] Porras, Emery, e Thompson, *Success Built to Lost*, p. 129.
[13] http://heartofachampion.org/quotes.html.
[14] www.doitech.com/iReader/book_display.php?bookID=27.
[15] "Greatest Entrepreneurs of All Time", http://www.success-digital.com/success/20080607/templates/pageviewer?pg=59&ul=texter.
[16] Porras, Emery, e Thompson, *Success Built to Last*, p. xiii.
[17] "John McCain, Prisoner of War: A First-Person Account by John McCain III, Lieut. Commander, U.S. Navy", *U.S.News & World Report* (29 de novembro,2008); p. 1.
[18] ttp ://www.agiftofinspiration.com.au/quotes/success.shtml.

FRACASSO
— *Amigo ou Inimigo?*

CAPÍTULO 10

O fracasso é simplesmente a oportunidade de começar de novo; desta vez, de modo mais inteligente.[1]
— Henry Ford

Pela primeira vez na história, o Super Bowl de 2007, entre o Chicago Bears e o Indianápolis Colts, teve dois treinadores negros, que eram amigos e cristãos compromissados. Louie Smith, do Chicago Bears, e Tony Dungy, do Indianapolis Colts, conheciam-se bem, e a mídia pareceu comprazer-se em destacar a questão da "cor". A maioria dos noticiários não deu importância ao fato de serem cristãos.

O jogo foi um dos grandes. Tempo chuvoso, alta intensidade, grandes jogadas, e uma surpreendente habilidade atlética fizeram parte do dia. Ambos os times deram tudo de si. E quando o relógio marcou o final, o Indianópolis foi o vencedor: 29 – 17. Os treinadores apertaram-se as mãos e abraçaram-se. Olharam um para o outro com a sensação de "ambos demos o melhor de nós".

Um time venceu... um time perdeu. Poderíamos dizer que um time foi bem-sucedido, e outro, falhou.

A vida de Tony e Lauren Dungy, entretanto, é mais profunda que o triunfo nesse jogo de futebol americano. Cerca de dois anos antes de sua vitória fenomenal, Tony e Lauren sofreram, talvez, a maior perda e o maior pesadelo que um pai e uma mãe podem experimentar: James, o seu filho primogênito, de 18 anos, cometeu suicídio.

Não somos capazes de compreender ES lse tipo de dor, a menos que passemos por uma trilha semelhante. Tony e Lauren ficaram arrasados. Entraram num terrível distúrbio emocional e uma devastadora perda de energia.

O coordenador defensivo do Tampa Bay Buccaneers, Monte Kiffen, trabalhara anteriormente com Dungy, no Tampa Bay. Ao ouvir a trágica notícia, o seu comentário foi: "Isto abala qualquer um, não há dúvidas. Conheço Tony desde 1992, e vi seu menino crescer... Tony tem uma fé tremenda, e é isto que o fará atravessar... Ele é extraordinário. Sei o que Tony está pensando. Sei como ele lidará com isto. É a sua fé que o manterá forte, mas isto não significa que seja fácil".[2]

Kiffen estava certo em sua avaliação. Eventualmente, esse treinador genial e brilhante, juntamente com a esposa, começaram a pôr-se em pé outra vez, a procurar por algo dentro de si chamado "confiança", e a reconstruir suas vidas.

Uma das reações mais comuns de pais que perderam filhos dessa maneira é a separação e o divórcio. A depressão, o desânimo esmagador e a culpa são, frequentemente, obsessões emocionais. Sentimentos de fracasso tornam-se pensamentos diários. Embora Tony e Lauren tivessem um matrimônio maravilhoso e fossem pais exemplares, muitas dessas emoções os atingiram. Chegou o dia em que o casal decidiu conversar um com o outro e confiar em Deus.

> *Dá ouvidos às minhas palavras, ó Senhor; atende à minha meditação. Atende à voz do meu clamor, Rei meu e Deus meu... Mas alegrem-se todos os que confiam em ti (Sl 5.1-11).*

Apuros, desapontamentos, perdas e escolhas erradas por parte de familiares podem ser interpretados como fracasso pessoal. Contudo, muitas vezes na vida, o sofrimento desafiador — e devastador — sobrevém-nos porque é normal e comum.

Desculpa ou Bode Expiatório

Muitas pessoas não se permitiriam aceitar o fracasso. Uma de suas reações mais comuns é culpar os que a cercam ou arranjar desculpas.

Parte do motivo para isto é o seu ego ou a sua culpa neurótica, que não lhes permite estar errados. Esta característica sutil de seu modo de pensar leva-as ao perfeccionismo e a certos padrões, em seu ambiente de trabalho, que causam pressão tal, que poucos podem suportar. Isto não é normal, mas é comum.

Não estou dizendo que não precisemos de uma ética de trabalho diligente e forte; todos devemos trabalhar com afinco naquilo que fazemos e ser administrativamente fortes. Contudo, há muita gente que se debate para encontrar o equilíbrio e, no processo, transforma em "bode expiatório" os seus funcionários ou pares.

O conhecido pastor e autor Rick Warren frequentemente repete ao seu *staff*: "Temos de dar a nós mesmos permissão para falhar". Rick recorda-lhes o princípio de "é bom o suficiente".[3] Apesar de tentarmos dar o melhor de nós, atingimos um ponto em nosso trabalho e esforços, onde é salutar dizer: "Empreguei nisto o melhor de mim; agora vamos em frente". De fato, a única coisa realmente perfeita é Deus e a sua Verdade.

Transtorno da Vida

Estou em minha quinta fase de vida. Quando eu estava na metade da sexta série, fui posto de volta na quinta. Minha professora, meus pais e o conselheiro da escola concluíram que era melhor. O meu problema? Era-me difícil concentrar-me em todas as diferentes matérias ao mesmo tempo.

Naquela fase de decisão, e mesmo depois, disse muito pouco a respeito daquilo à minha mãe, ao meu pai, ou aos meus irmãos. Não entendi o que se passava; não discuti; apenas fiz o que meus pais e minha professora decidiram.

Apesar de a minha capacidade atlética, a minha maturidade emocional e o meu corpo estarem um ano à frente de meus colegas de classe, sentia-me um "fracasso" de um modo que eu não entendia. Era diferente de não vencer um jogo ou não ser escolhido para um time.

Esse sentimento foi sustentado por pequenos comentários de minha nova professora, pela carteira em que me sentei, o modo como a professora e os novos colegas me viam, os meus antigos companheiros da sexta série, que eu acabara de deixar, e as coisas que eu ouvia dos meninos da quinta série, como: "Você é melhor na corrida, porque é mais velho". Experimentei sofrimento pessoal e emocional, e informações errôneas, em um nível novo em minha vida. Não houve instruções de como transformar aquele desafio em oportunidade, ou de como eu logo voltaria a estar com os meus pares. A única instrução era: "Você está fazendo isto".

É interessante que, depois de mais de quarenta anos, essa lembrança ainda me é fresca. Esta, talvez, seja uma das razões de eu ter gostado tanto da faculdade, das escolas, de ler e escrever. Aquele "retrocesso" pode ter sido um incentivo ao trabalho árduo.

Fui o primeiro em minha família a receber pós-graduação e doutorado. Meus primeiros professores de inglês nunca imaginariam que eu viesse a escrever livros ou palestrar para auditórios. Penso que, provavelmente, a grande razão para eu ter prosseguido com a educação, a escrita e a oratória é que Deus restaurou-me a fé nos dons que Ele me dera e ajudou-me a aprender com essa terrível experiência.

A minha grande preocupação não é se você fracassou,
mas se está contente com o seu fracasso.[4]
— Abraham Lincoln

Houve outro menino que repetiu a sexta série. Ele também teve uma batalha com a depressão no começo de sua vida. Sofreu chacotas por causa de sua "cabeça grande" e sua falta de coordenação. Aos 16 anos, ele foi mandado de volta para casa, de uma prestigiosa escola, com um boletim que dizia: "Este jovem revela uma conspícua falta de sucesso".

Muitos anos mais tarde, aquele rapazinho tornou-se o primeiro ministro da Inglaterra. Seu trabalho? Defender o Império Britânico do perverso ditador Adolph Hitler.

Sir Winston Churchill tornou-se, talvez, o maior líder nacional efetivo que a Inglaterra já teve.

Certa vez, ele admoestou: "Nunca desista, nunca desista, nunca, nunca, nunca, nunca — em nada, grande ou pequeno, amplo ou insignificante — nunca desista, exceto por convicção da honra ou do bom senso. Nunca, nunca, nunca, nunca desista".[5]

Outro menino também foi mandado embora da escola. Seu professor explicou aos seus pais que ele realmente não tinha grande habilidade mental, e não seria capaz de se beneficiar de sua inteligência. O professor sugeriu que ele trabalhasse na fazenda.

Mais tarde, em sua vida, esse menino afirmou: "Quando todo mundo está desistindo de um problema, então é hora de começar".[6] Hoje, Thomas A. Edison é conhecido por seu brilhantismo em ciências.

Ao ser submetida ao University of Bern, a dissertação doutoral de Albert Einstein foi devolvida com as chocantes palavras: "Esta tese é irrelevante e fantasiosa".[7] Uma verdadeira maré de sentimentos de rejeição o atingiu. Contudo, depois de pensar no caso, ele submeteu sua dissertação à University of Zurich. Essa universidade não apenas reconheceu-lhe as habilidades e os singulares dons mentais, mas ofereceu-lhe a posição de professor junior. Ele tornou-se um dos maiores físicos de todos os tempos.

Por que o "Bem-Sucedido" Sempre Rejeita o Fracasso?

O psicólogo Archibald D. Hart considera: "Até em nossa cultura cristã, vemos pessoas à nossa volta serem levadas a buscar o sucesso, mas não têm ideia de que papel o fracasso pode representar na construção do sucesso. Não sabem como recebê-lo com graça. São incapazes de incorporá-lo à sua experiência cristã. A igreja, de modo geral, tem nutrido indiscriminadamente a teologia do sucesso. Em contraste, não existe teologia do fracasso. Quando muito, o fracasso é visto como algo com que os cristãos não deveriam ter de lidar. Isso deixa muito crente fiel pensar que, se falhou, foi simplesmente porque Deus lhe virou as costas".[8]

Se existe uma única coisa comum à todas as pessoas permanentemente bem-sucedidas que conhecemos, é que todas elas foram realmente notáveis no fracasso.[9]

Como líderes, temos de considerar o fato de que não somos perfeitos, e nem todas as nossas decisões são perfeitas também. Se não tomamos cuidado, transferimos os nossos fracassos para nosso patrão, nossos empregados, família e amigos.

O nosso ego e nossa arrogância não nos permitem admitir que estávamos errados, ou que, qualquer seja a razão, "isto não funcionou".

As pessoas que, egoisticamente, culpam os outros por suas decisões ruins ou seus fracassos têm um nível de arrogância que não lhes permite reconhecer: "Eu estava errado; fiz uma escolha ruim. Assumo a responsabilidade por isto".

Aqueles que trabalham para pessoas que reclamam têm de, constantemente, jogar com as regras do patrão, a fim de conservar seu emprego e ser leal. Muitos fazem o que são mandados, mesmo sentindo que a direção que o chefe quer seguir prejudicará a empresa, ou a igreja, ou suas vidas.

O orgulho demonstrado por muitos líderes encoraja-os a culpar o *staff*, um acionista, um paroquiano, ou um membro do conselho. Em vez de, sinceramente, admitir que tomaram uma decisão errada, encontram um meio criativo de manter intacta a sua reputação autoconcebida, enquanto, injustamente, põem a culpa sobre os outros.

Conheci um empregador que morava longe da empresa. Ele vinha ao escritório apenas alguns dias no mês, e basicamente comunicava-se por telefone ou e-mail. Ele gostava muito de sua vida e suas atividades no lar, bem como de seu cargo de meio expediente, onde um amigo meu trabalhava como executivo. O problema começou quando ele quis tomar todas as decisões importantes na porção da companhia dirigida por meu amigo. Outras divisões experimentaram o mesmo desafio. Ele dizia: "Vamos fazer este projeto", ou "Gostaria que você considerasse admitir tal pessoa", e então forçava o cumprimento de sua ordem. Previsivelmente, o projeto ou a pessoa não era algo ou alguém que meu amigo considerasse o melhor.

A impressão era de que ele dirigia a companhia como um brinquedo, e que o seu emprego como diretor não era algo que ele levasse a sério, mas apenas um jogo divertido (para ele). Ele tomava decisões que não haviam sido bem pensadas e agia baseado em "intuições" débeis e nunca experimentadas.

Esse homem tinha a fraqueza pessoal de se livrar da culpa e de não liberar seus gerentes e peritos para conduzirem seus departamentos. Consequentemente, inúmeras pessoas, projetos e resultados foram negativamente afetados. De vez em quando, alguém era culpado por suas más escolhas. Eventualmente, a companhia compreendeu que muitos de seus problemas vinham da inépcia e inexperiência dessa pessoa.

Fracasso. Decisões imprecisas e nomeações mal avaliadas fazem parte da vida de todos nós. O que fazer ao descobrir que fomos apanhados numa ideia ou comportamento errôneo? Podemos reconhecer, admitir e mudar.

O que podemos fazer para aceitar nossos fracassos?

Você pode não ter culpa de haver caído, mas é culpado de não se levantar.
— Steve Davis[10]

1. Aceite o fato de que cometerá erros; e quando o fizer, admita.

Muitas pessoas bem-sucedidas pensam que, ao falhar, tornam-se um "fracasso". Posso falhar muitas vezes na vida, mas esta experiência ocasional (ou frequente) não faz de mim um fracassado. Todos fazemos escolhas que não são perfeitas ou podem estar erradas. Podemos aceitar este fato e aprender dele, ou não aceitar e culpar os outros por nossos estragos.

Não tema os seus fracassos passados. Confie que você tem um Deus Criador, que lhe dará outras oportunidades de acertar. O salmista Davi escreveu:

> *Os passos de um homem bom são confirmados pelo Senhor, e ele deleita-se no seu caminho. Ainda que caia, não ficará prostrado, pois o Senhor o sustém com a sua mão (Sl 37.23,24).*

> *Ele te susterá; nunca permitirá que o justo seja abalado (Sl 55.22).*

2. Aceite o fato de que você não é perfeito.

Ao tomarmos uma decisão ruim, que resulta em fracasso, geralmente ficamos chocados, porque isso realça as nossas imperfeições.

Conheço poucas pessoas que apreciam as próprias imperfeições. Todos temos pontos cegos, e ocasionalmente percebemos novas tendências ou assuntos pessoais, que destacam as falhas adicionais. Isto é humilhante e, às vezes, embaraçoso. E recorda-nos que todos temos pés de barro.

Uma vez que todos "coxeamos" um pouco na vida, podemos identificar-nos com outros que também estão tentando, mas não são perfeitos.

3. O que chamamos de fracasso pode não ser fracasso aos olhos de Deus.

No clássico livro de devocionais, *Tudo para Ele*, Oswald Chambers escreve: "Deus chamou Jesus Cristo para o que parecia um completo desastre".[11]

Ele explica que, ao nosso entendimento humano, a vida de Jesus foi cheia de rejeição. As pessoas queriam matá-lo, e a sua vida terminou com a pena de morte — o que podemos descrever como fracasso.

Do ponto de vista de Deus, porém, foi um sucesso total. A sua vida obediente cumpriu o perfeito plano no Pai para o mundo. Ele foi absolutamente correto em tudo o que fez e falou.

Muitas vezes na vida, sabemos qual é a coisa certa a fazer, mas também sabemos que a decisão correta pode trazer algum sofrimento pessoal.

O que fazemos nessas ocasiões penosas? Tomamos a atitude certa, tendo conhecimento de que essa é a direção que nós (a empresa ou a igreja) precisamos seguir, ainda que isto nos faça atravessar um período de "pagamento do preço" por nossa decisão?

Comumente, o sucesso ou o fracasso é tão somente uma questão de perspectiva.

Geralmente *analisamos* os resultados na empresa onde servimos, na igreja que pastoreamos, ou na família de que somos parte, com padrões que não levam em conta o quadro completo. Há muitos fatores envolvidos quando se trata de saber se um projeto (ou pessoa) será o que chamamos de "sucesso".

4. Faça o compromisso de não culpar os outros por suas decisões erradas.

Norman Vincent Peale aconselha: "Nunca diga nada para ferir alguém. Além disso... abstenha-se de conversas duplas, de observações astutas, destinadas a favorecer nossos interesses sobre a desvantagem de outrem. Temos de nos afastar do mal e, de todas as maneiras possíveis, fazer o bem, ajudar as pessoas, e trazer bênçãos sobre suas vidas".[12]

Façamos o possível para assegurar que todos entendam que nós assumimos o problema, e não que fingimos assumir, enquanto culpamos os outros. Uma multidão de empregados, membros da igreja, cônjuges e filhos têm sido feridos por pessoas que arranjam um "bode expiatório" para suas culpas e decisões equivocadas.

Tal comportamento é tão antigo quanto Adão e Eva. Adão culpou Eva por sua decisão de desobedecer a Deus. Eva desculpou-se: "A serpente enganou-me e eu comi". Ela culpou o diabo por sua má escolha. Nenhum dos dois aceitou o fato de que fizeram a coisa errada. Fico ponderando o que teria acontecido, se um deles houvesse dito: "Senhor, estamos profundamente arrependidos por nossa decisão de desobedecê-lo. Compreendemos a nossa escolha errada e precisamos de sua ajuda para assegurar que nunca mais faremos isto".

O fracasso tem sido uma luta pessoal para a humanidade desde o princípio. Precisamos entender que não somos perfeitos. Devemos admitir nossas decisões e comportamentos equivocados, em vez de culpar outrem por nossas escolhas; e aprendamos a ir frequentemente ao nosso Criador e receber o perdão por nossos atos pecaminosos, enquanto nos esforçamos para levar uma vida equilibrada.

Pense nisto:

Das profundezas a ti clamo, ó Senhor!
Senhor, escuta a minha voz!
Sejam os teus ouvidos atentos à voz das minhas súplicas.
Se tu, Senhor observares as iniquidades, Senhor, quem subsistirá?
Mas contigo está o perdão, para que sejas temido (Sl 130.1-4).

---

[1]http://quotes4all.net/authors/henry%20ford/quotes.html.

[2]http://sports.espn.go.com/nfl/news/story?id=2268593.

[3]Esta é uma característica do sucesso, que Rick Warren sempre compartilha nas conferências pastorais e ao falar de compromissos.

[4]Herter Studio, *Fall Better* (Philadelphia, PA: Running Press, 2006), p. 47.

[5]Ibid., p. 24.

[6]Archibald D. Hart, *Habits of the Mind* (Dallas, TX: Word Publishing, 1996), p. 58.

[7]Ibid., p. 58.

[8]Ibid., p. 56.

[9]Jerry Porras, Stewart Emery, e Mark Thompson, *Success Built to Last* (Nova York: Plume Books, 2007), p. 128

[10]Fonte desconhecida.

[11]Oswald Chambers, *My Utmost For is Highest,* 5 de agosto, "The Baffling Call of God", http://myutmost.org/08/0805.html.

[12]http://www.brainyquote.com/quotes/authors/n/norman_vincent_peale.html.

Aprendamos com os Erros dos OUTROS *(ou Nossos)*

Capítulo 11

Aprenda com os erros dos outros. Você pode não viver o suficiente para cometê-los todos sozinho.[1]
— Eleanor Roosevelt

Um dos temores mais *úteis* de minha vida me sobrevém quando ouço falar dos erros de outras pessoas. Quando o comportamento antiético, imoral ou ilegal de alguém vem à tona, fico meditando a respeito. Ao saber de uma pessoa que tomou a trágica decisão de fazer a coisa errada, meu coração se volta às pessoas envolvidas e àqueles que foram corrompidos. Penso em suas famílias, empregados, pessoas que confiavam neles, e nos perpetradores. Também pergunto a mim mesmo: "Como é que uma coisa dessas foi acontecer?"

Fico ponderando: *Como, em suas vidas, eles chegaram a tal ponto, capaz de tomar uma decisão desse tipo? Teriam, com o tempo, passado a racionalizar? Começaram a fazer concessões com padrões que antes defendiam? Ou teriam sido tentados por uma influência maligna?*

E o pensamento que vem à maioria de nós é: *Se isto aconteceu com eles, estaria eu deixando oportunidades abertas para que me aconteça também?*

Exemplos de pessoas no poder, que tomaram decisões que as meteram em problemas, fazem parte da história da humanidade desde o princípio.

A notícia de que Blagojevich, o governador de Illinóis, estava supostamente planejando "vender" a cadeira do presidente eleito, Obama, no senado dos Estados Unidos, ao mais alto licitante, pareceu atingir o subporão da má conduta ética e da falta de vergonha.

Na mesma semana, Bernard Madoff, veterano da Wall Street, foi acusado de dirigir um esquema Ponzi,[2] que alcançou uns 50 bilhões de dólares. A notícia veio a público depois de ele haver contado a alguns de seus funcionários de alto nível que a sua empresa de investimentos era uma "fraude" e, "basicamente, um esquema Ponzi gigante".[3]

A ética política, empresarial e pessoal parecem estar se dissolvendo. Sempre houve escroques, condescendentes da ética, e aqueles com a moral calejada (pecadores). A história mostra-nos inúmeros casos, desde o começo dos tempos, que são exemplos claros de nações fazendo decisões trágicas. Há também a civilização romana, a Alemanha nazista, as atrocidades de várias nações em nosso mundo atual, organizações religiosas antiéticas, e falhas da igreja — literalmente, todos os segmentos da sociedade.

Em seu livro *Bad Leadership: What It Is, How It Happens, Why It Matters* [Liderança Ruim: O que É, como Acontece, por que Importa], Barbara Kellerman oferece esclarecimentos de como os líderes se tornam maus, ou eram maus quando começaram em suas — assim chamadas — carreiras de sucesso. Ela examina sete espécies de liderança: **Incompetente**: O líder e ao menos alguns de seus seguidores têm falta de vontade ou de habilidade para sustentar ações efetivas. **Rígida**: O líder e ao menos alguns de seus seguidores são rijos, inflexíveis, e indispostos a adaptar-se a novas ideias, nova informação ou tempos de mudanças. **Imoderada**: O líder precisa de autocontrole e é auxiliado e estimulado por seguidores que não intervêm. **Calejada**: O líder e ao menos alguns de seus seguidores são negligentes ou desapiedados, e ignoram ou não fazem caso das necessidades do restante da organização. **Corrupta**: O líder e alguns de seus seguidores mentem, trapaceiam ou roubam. Põem o interesse próprio acima de tudo. **Insular:** O líder e ao menos alguns de seus seguidores descuidam ou minimizam a saúde e o bem-estar daqueles que se acham fora do pequeno grupo do centro. **Malfazeja**: O líder e ao menos alguns de seus seguidores cometem atrocidades. As atrocidades cometidas por eles podem ser físicas ou psicológicas.

Em todos os sete exemplos, Kellerman inspeciona elementos singulares: (1) o prólogo, (2) o contexto, (3) o líder, e (4) os seguidores, que são igualmente responsáveis e, em algumas instâncias, *causam* a má liderança.[4]

Nenhuma ocupação é imune. Temos incontáveis exemplos em política, esporte, entretenimento, negócios e religião. Como esquecer Jim Bakker? Pete Rose?[5] A gangue Enron, Pee-wee Herman[6] ou Mel Gibson? Temos visto muitas pessoas chamadas de bem-sucedidas tomarem decisões verdadeiramente erradas... tudo em razão de si mesmas. E veremos mais, seremos chocados por alguns que são nossos conhecidos, e poderemos ser tentados a deixar a toxicidade (droga) do sucesso nos contagiar.

Em seu livro, *Sway: The Irresistible Pull of Irrational Behavior* [A Força do Absurdo], os irmãos Ori e Rom Brafman afirmam que todos somos suscetíveis ao comportamento irracional. Eles acreditam que alguns atos irracionais são inofensivos. Outros, porém, podem ser fatais.[7]

Em determinado ponto de minha carreira, um gabinete de aconselhamento que eu supervisionava recebia centenas de ligações problemáticas por mês, de líderes e de seus cônjuges. Muitas dessas chamadas telefônicas incluíam grandes problemas na família, em meio a informações sobre pessoas que estavam causando conflitos extremos, e confissões de alguma espécie.

Certo dia, chegou um telefonema tão insidioso que não consegui livrar-me do abalo emocional durante muitos dias. O comportamento dessa pessoa era tão nocivo, que eu não podia afastá-lo da mente. Ao voltar ao lar naquela noite, fui para o quintal e comecei a chorar. Quando a minha esposa olhou para fora e me avistou, correu para ver o que havia de errado.

— Não sei qual a profundidade disso, confidenciei-lhe.

— O que você quer dizer?

— Quero dizer que não sei quantos estão envolvidos... quais são as porcentagens... quais dessas pessoas estão com os maiores problemas comportamentais. Acho que estamos agindo de forma superficial.

Todos cometemos erros e ... todos pecamos

Não há um justo, nem um sequer (Rm 3.10).

O que aprendi trabalhando intimamente com líderes, gente bem-sucedida, e pessoas de, literalmente, todos os seguimentos da sociedade, em dezenas de nações?

Descobri que TODAS as pessoas possuem uma natureza pecaminosa — um potencial para a maldade — e que são capazes de fazer coisas que nos chocariam.

Também descobri que existe uma alta porcentagem de pessoas maravilhosas, vivendo em elevada integridade, dignas de confiança, e que guardam suas vidas com excelentes padrões disciplinares. Elas têm cometido erros, pecados, e certamente não são perfeitas, mas decidiram crescer (a despeito de seus erros e pecados) e tornarem-se pessoas melhores.

A sabedoria chinesa antiga que diz: "Até um santo pode cometer um erro". Muitos dos seus textos espelham o adágio de que nenhum homem é infalível ou livre de falhar, mas aprender com os erros é uma das maiores virtudes. Outro de seus provérbios é: "Se você cometeu um erro e não o corrigiu, então você realmente cometeu um erro".

A questão: Como temos aprendido com os nossos erros? Com esta informação, como pretendemos proteger-nos de fazer a mesma coisa outra vez?

Em nosso sucesso (seja lá o que signifique), como mantemos o equilíbrio? Observamos e aprendemos com outras pessoas iguais a nós, que fizeram decisões certas e erradas?

A fim de guardar nossas vidas das concessões desonrosas e de outras coisas erradas, aprendamos olhando e nos educando na escola das coisas que desejamos evitar, e que pretendemos que façam parte de nossa vida.

Conheça a Intoxicação de Ser Idolatrado

Muitos se perguntam o que acontece àqueles que assumem posição de autoridade em cargos governamentais. Que raciocínio vem à mente de um líder (de cidade, estado ou nação) que o convence de que ele pode comportar-se de maneira inapropriada, antiética, ou ilegal?

Certamente, nem todos os servidores públicos vivem desse modo. Entretanto, quando um (ou mais) o faz, as ondas do choque reduzem o distrito eleitoral.

Existem muitos exemplos: A suposta decisão do governador Rod Blagojevich de vender a cadeira do senado; a decisão de Eliot Spitzer (ex governador de Nova York) de gastar milhares de dólares com prostitutas; Ted Stephens (senador do Alasca) acusado de escandalosa corrupção; a decisão de Mark Foley (congressista da Flórida) de enviar mensagens instantâneas sexualmente sugestivas a uma adolescente que estagiava no congresso; a decisão do senador John Edwards de ter um caso com uma funcionária; e a decisão do presidente Bill Clinton de ter um encontro sexual com Monica Lewinsky.

O uso de cocaína por parte do ex-prefeito de Washington, D.C., Marion Barry, foi visto nos noticiários devido às câmeras escondidas na sala. E, embora tenha se passado há várias décadas, o caso Watergate foi um dos maiores escândalos policiais na história dos Estados Unidos.

Muitos outros virão igualmente à tona, em breve.

Acredito que a admiração idólatra assemelha-se muito a uma droga que impede a mente da pessoa de pensar com clareza, ou a faz perder a habilidade de submeter-se às disciplinas comportamentais que sempre a guiaram.

Sabemos que não apenas os "heróis" políticos são suscetíveis. Esta idolatria pode afetar um grupo ocupacional, um time da vizinhança, um herói do esporte, e até mesmo um líder religioso.

O homem é provado pelos louvores (Pv 27.21).

Não surpreende a descoberta de um novo estudo: quanto mais poder possuem os líderes, mais difícil lhes é compreender a visão que os seus subordinados têm do mundo. Este poder funciona como um impedimento à compreensão da perspectiva dos outros. Ele leva o indivíduo a ancorar pesadamente em seu ponto vantajoso, deixando-o incapaz de ajustar-se à perspectiva de outrem, e diminui-lhe a habilidade de interpretar corretamente as emoções alheias.[8]

O psicólogo Stanley Teitelbaum comenta em seu livro, *Sports Heroes, Fallen Idols* [Heróis dos Esportes, Ídolos Caídos], que os atletas (bem como políticos e líderes empresariais e religiosos) acostumam-se a sempre estar diante da multidão. Isto pode desenvolver uma toxicidade emocional (veneno), onde as pessoas comumente se tornam arrogantes e imponentes, e, de modo igualmente rápido, fomenta a sensação de "ter o direito".

Ele escreve: "O modo como eles têm sido tratados desde que venceram aquela primeira corrida ou jogo em sua cidade natal, geralmente na tenra idade dos oito anos, dá-lhes a sensação de especialidade, a impressão de que se acham acima de tudo em seu mundo, e podem fazer o que querem, sem se preocupar com as consequências, porque, de alguma forma, alguém lhes dará cobertura. Ou, se fizerem algo imoral ou ilegal e forem apanhados, livrar-se-ão facilmente".[9]

O sucesso (como uma droga) é viciante. O herói desportista e o empresário bem-sucedidos talvez pareçam ter o suficiente; podem ter conquistado tudo o que nós, pessoas comuns, pensamos ser tudo o que se pode desejar, mas, ao chegar ao topo, eles geralmente perguntam a si mesmos: "Aonde vou, a partir daqui?"

Geralmente se diz: "Quem constrói em exaltação constrói em algo que lhe dará o lugar elevado que já teve".

Compreenda que Carisma não se Iguala a "Liderança Ética" ou a Ser Bem-sucedido

Peter Drucker escreveu: "Fui o primeiro a falar de liderança, cinquenta anos atrás. Mas hoje, há conversa e ênfase demais sobre isto, e falta de efetividade.

"A única coisa que se pode dizer de um líder é que o líder é alguém que possui seguidores. Os líderes mais carismáticos do último século chamavam-se Hitler, Stalin, Mao, e Mussolini. Eles foram líderes para o mau! A liderança carismática, por si só, é certamente malvista.

> Um dos presidentes americanos mais efetivos dos último cem anos foi Harry Truman. Ele não tinha um grama de carisma. Era mais inexpressivo que um peixe morto. Todos os que trabalhavam para ele o veneravam porque ele era absolutamente confiável. Se Truman dissesse não, era não, e se dissesse sim, era sim... e ele nunca dizia não a uma pessoa e sim à próxima, sobre o mesmo assunto. Outro presidente eficaz dos últimos cem anos foi Ronald Regan. A sua grande força não era o carisma, como geralmente se pensa, mas era que ele sabia exatamente o que podia e o que não podia fazer.[10]

O carisma pode enganar-nos, fazendo-nos acreditar que "carisma" iguala-se a um líder bem-sucedido, ético, em quem podemos confiar.

> *Louve-te o estranho, e não a tua boca, o estrangeiro, e não os teus lábios (Pv 27.2).*

Não Pensemos que Somos tão Capazes quanto os Membros de nossa Equipe

Cada um é único, tem uma história única, um conjunto único de experiências, uma educação única, metas, talentos, sonhos e disciplinas únicos. Cada um de nós tem a habilidade de especializar-se em áreas que nos ajudem, bem como à nossa família ou organização.

Através dos anos, Peter Drucker observou os desafios de líderes capazes que, eventualmente, goravam.

> Um dos homens mais capazes com quem já trabalhei foi Heinrich Bruning, chanceler democrata alemão, no período precedente à Segunda Guerra Mundial. Ele tinha uma incrível habilidade para enxergar o âmago de um problema. Não obstante, era fraquíssimo em assuntos financeiros. Ele poderia ter delegado o serviço, mas desperdiçava horas sem fim sobre orçamentos e desempenhava-se pobremente. Essa foi uma falha terrível numa depressão, o que conduziu a Hitler. Nunca tente ser o perito que você não é. Construa sobre os seus pontos fortes e encontre pessoas capazes para fazer as outras tarefas necessárias.[11]

Equipes fortes e bem-sucedidas são feitas de pessoas realmente talentosas e especiais. Uma das razões para termos um grupo de líderes à nossa volta é que eles são fortes onde somos fracos. E nós somos fortes onde eles são fracos.

Saiba que a Exaustão É Possível e a Sabotagem Pessoal Ocasional É Parte do Resultado

A sabotagem pode ser um ato inconsciente contra si mesmo, que causa uma queda. Pessoas que se envolvem em sabotagens (às vezes subconscientemente) não toleram o sucesso porque ele pode chamar a atenção ao seu senso de desmerecimento.

Às vezes é difícil dizer, quando as pessoas são apanhadas, se aquilo foi o resultado de seu problema com a autoimagem. Elas podem não achar que merecem reconhecimento ou sucesso. Ou pode ser a arrogância que as persuade de que podem se livrar de qualquer coisa e que têm o direito de fazer o que querem.

Recentemente, um líder denominacional perguntou-me sobre um ministro que tinha um caso amoroso.

— Você acredita na possibilidade de que ele desejasse ser pego?

— É possível — concordei. — Porque você acha que esta é uma possibilidade?

O oficial ponderou que o homem estava exausto, não sabia como desacelerar, e parecia estar procurando um modo de abandonar a carreira.

— Acho que ele possivelmente fez isto — partilhou — por saber que o seu comportamento provavelmente o forçaria a deixar o ministério.

Noutra ocasião, conheci um oficial religioso que usou o cartão de crédito da igreja para alugar pornografia. Ele também se achava exausto, deprimido, esgotado, e fora de controle. Ele não sabia como criar uma vida desacelerada e menos caótica. A sua aquisição de pornografia não ficaria em segredo, porque os seus recibos sempre eram conferidos. Ele certamente sabia que aqueles débitos seriam questionados. Examinando a situação, parece realmente possível que ele esperava ser apanhado em alguma espécie de comportamento que lhe alteraria a carreira.

Esses dois membros clericais de fato mudaram de carreira. Mas por que sabotar a si mesmos? Ambos sentiram-se presos e com suas vidas fora de controle. Ambos escolheram, subconscientemente, fazer algo que causasse a própria queda, ou enganaram a si mesmos raciocinando que tal comportamento podia passar despercebido.

Não Deixar que outros Opinem em sua Vida É Perigoso

Se você não tem de prestar contas, ou não possui alguém em sua vida que o confronte ou discorde de você, está procurando encrenca.

Se a sua organização removeu as leis de liderança que permitiam ao *staff* expressar preocupações com a sua ética (ou uns dos outros), sua moral, seu comportamento ilegal ou inadequado, coloque de volta essas leis e treine a equipe a ser delatores.

Se as pessoas à sua volta não sentem que podem lhe dizer quando você saiu da trilha, encontre um modo de dar-lhes permissão para isto, sem que se sintam ameaçadas.

Se o seu cônjuge, filhos, ou netos não podem lhe dizer que você está errado, dê-lhes permissão para fazê-lo.

Muitos não prestam contas a ninguém. Eles são os líderes, são aqueles que mandam, e a organização, igreja ou governo pode parecer "de cima para baixo" quando uma única pessoa está no controle.

Este é um lugar perigoso para se estar na vida. A prestação de contas é uma coisa saudável; a autoridade absoluta é algo a ser evitado. "O poder corrompe. O poder absoluto corrompe absolutamente".[12]

As Complicações, Desaprovações, Queixas e Pessoas Cáusticas Podem lhe Sobrevir

Alguns encontram-se em situações onde essas coisas chegam de todas as direções. Se você não tem advogados em sua organização, deve encontrá-los — ou criá-los.

Além de assegurar que você tenha pessoas com quem conversar, leia materiais que lhe deem informação sólida e saudável, e construa hábitos salutares em sua vida. Tais hábitos incluem dormir, exercitar-se, construir uma família sólida, ter um conselheiro e/ou treinador, etc. Realisticamente, decida o quanto você pode suportar, o que você pode fazer para permanecer em equilíbrio, e quando você deve se retirar e aprender com a situação.

A Ilusão de que a Mentira "Nunca Será Descoberta"

"Eles sempre amarão o que faço, quem sou... Eles nunca ousarão me questionar." "Sou importante demais". As pessoas descobrem. A vida acaba em um monte de entulho.

O vosso pecado vos há de achar (Nm 32.23, ARA).

Com email, televisão a cabo, mídia, blogs, testemunhas oculares, outras pessoas falando aos conhecidos, linguagem corporal, nossas próprias palavras aos amigos, etc., pouquíssima coisa fica em segredo. Contudo, se não formos descobertos nesta terra, Deus sabe — e temos de viver com isso. A nossa consciência pode tornar-se calejada, cauterizada, ou sociopática, e podemos realmente começar a acreditar que a nossa vida falsa é verdadeira, ou que é normal vivermos erradamente.

Se todos cometemos erros (e cometemos),
Se todos somos pecadores (e somos),
O que fazer para aprender com os nossos erros,
E evitar cometê-los no futuro?

Estágio da Admissão

Podemos aprender com os nossos erros depois de admitir que erramos. Quando culpamos a tudo ou a todos pelas falhas que cometemos, a compreensão daquilo que fizemos torna-se um grande desafio. Lembre-se que podemos sempre aprender com os nossos erros perguntando a nós mesmos o que faríamos de modo diferente. Podemos avaliar se realmente foi um erro, se foi inevitável, ou se foi deliberado.

O caso é que temos de admitir que tomamos uma decisão. Com isto, podemos dizer: "Eu tomei esta decisão, e é um erro pelo qual me responsabilizo".

E se os outros não aceitarem a sua confissão, ou acharem (interpretarem) que foi pior do que na realidade, ou não quiserem deixar que você se livre facilmente?

Bem, façamos o possível. Às vezes, simplesmente não há o bastante para convencer ou satisfazer todas as pessoas. Algumas tem a própria agenda. Tudo o que podemos fazer é seguir adiante.

A nossa admissão de um erro, ainda que seja apenas a nós mesmos, torna-nos possível ir adiante. Teremos nos movido, então, *do estágio da taxação da culpa para o estágio da taxação do entendimento.* As pessoas sábias admitem facilmente os erros e entendem que o progresso acelera quando o fazem.

Admitir que erramos, falhamos, ou pecamos (somos pecadores) vai contra o conselho de muitos livros sobre sucesso, administração e liderança. Parece até mesmo que vai contra a nossa educação em universidades e seminários.

Se fôssemos ensinados que cometeríamos alguns erros, e recebêssemos instruções sobre entender e aprender com eles, e crescer por causa deles, não seríamos paralisadas pela culpa e a vergonha, e não desistiríamos de nossas metas.

Estágio do Entendimento

O sucesso é geralmente construído sobre a compreensão dos erros que nós e os outros cometemos, e usá-los ajuda-nos a melhorar. Quanto maior e mais complicada a meta, mais frequentes e mais difíceis os nossos reveses. Nalgumas ocasiões, são dois passos à frente e três passos para trás — ou três passos à frente e um passo para trás.

Quanto maior a nossa meta (visão), mais precisaremos desenvolver a nossa habilidade de superar (e aprender) com os erros que cometeremos.

Alguém disse: "Sou quase perfeito. Faço melhor que a maioria. Então, por que preciso admitir que nem sempre faço certo?" Esse tipo de atitude declara: "Recuso-me a mudar".

Que erro!

Recusando-se a reconhecer erros e fraquezas, as pessoas recusam-se a aceitar a realidade.

O Estágio da Atitude (Conservando Puro o Coração)

Como cristãos, a nossa identidade própria embasa-se na promessa de que somos filhos de Deus. Podemos pedir-lhe perdão por havermos pecado (e cometido erros). Então entenderemos que Deus está conosco enquanto atravessamos a vida.

> *Não havendo profecia, o povo se corrompe; mas o que guarda a lei, esse é bem-aventurado (Pv 29.18).*

A nossa identidade própria mais profunda não se baseia em nossa falta de erros, mas em nossa compaixão, coragem, compromisso, criatividade, e na sabedoria que recebemos de Deus.

A nossa vida será muito assustadora (e tediosa) se pensarmos que nunca cometeremos outro erro, ou nunca entraremos num problema, ou nunca assumiremos o risco que o nosso coração nos diz para assumir.

Todos cometemos erros. A questão é se aprendemos com eles e nos tornamos melhores por causa deles.

Existem muitas espécies de erros. Alguns erros são porque fazemos algo irritante, impensado ou tolo. Estes podem incluir estar constantemente empurrando a sua irmã e deixá-la brava, decidir que os sinais vermelhos não foram feitos para você, ou dizer coisas que machucam as pessoas. Estes são erros que simplesmente temos de parar de fazer.

Erros intencionais (pecado) são parte de nossa vida quando *escolhemos o comportamento errado*. Sabemos o que estamos fazendo, mas, por alguma razão, optamos por fazer a coisa errada. O resultado disso é que pessoas são feridas, o nosso relacionamento com Deus é prejudicado, e nós somos afligidos.

Podemos parar o que estamos fazendo, ser perdoados, aprender com os nossos pecados, e crescer. Quando tomamos estas decisões, o que podemos aprender? O que precisamos fazer — realmente? Como evitar fazer estas coisas outra vez? Devemos conseguir ajuda? Temos admitido os nossos pecados a Deus e buscado o seu perdão?

Erros evitáveis acontecem quando repentinamente lembramos de algo que nos esquecemos de fazer e, então, a fim de corrigirmos o nosso erro, paramos o que estávamos fazendo (se pudermos) e simplesmente passamos a fazer aquilo que havíamos esquecido.

Viajo muito e reservo os meus voos e, às vezes, esqueço de alugar um carro. A caminho do aeroporto, de repente me lembro de que ninguém me apanhará, portanto precisarei de um carro. Sinto-me incomodado. Em vez de chegar ao aeroporto um pouco mais cedo e relaxar, talvez engraxar os sapatos ou ler o jornal, preciso resolver o problema, indo a uma locadora de automóveis e tentando alugar um carro. De vez em quando tenho de pagar uma pequena quantia extra, por não ter alugado o automóvel com antecedência. Mas tenho aprendido a não fazer isto com tanta frequência. Todos cometemos erros evitáveis porque a vida passa por nós rapidamente, e perdemos os detalhes.

Alguns erros são facilmente entendidos, mas consertá-los é um desafio. Três exemplos destes são: (1) uma casa tem a hipoteca executada porque os juros sobem demasiadamente rápido, e o proprietário não consegue mais pagar; (2) um pastor que lidera uma igreja cheia de pessoas iradas ou magoadas, e consequentemente a igreja não cresce ou, pior ainda, o pastor é culpado, possivelmente demitido, pelas fraquezas herdadas; (3) um executivo começa a trabalhar numa empresa que tem um diretor financeiro ou diretor executivo inescrupuloso descobre a profundidade do problema, e tem de minimizá-lo para corrigi-lo e, esperançosamente, fazer a empresa crescer. Podemos, eventualmente, entender os erros cometidos por outra administração ou pessoa, mas a tentativa de melhorar a situação envolve muitos assuntos desafiadores.

Erros complicados abrangem múltiplos níveis, pessoas e más escolhas. Não existem maneiras óbvias de aperfeiçoar as coisas e evitar os golpes. Os exemplos incluem tomar duras decisões, que terão menos que resultados ótimos; algumas decisões e relacionamentos falharão, ou haverá outros efeitos desagradáveis e insatisfatórios.

Uma vez, ao assumir o pastorado de uma grande igreja, precisei destituir um pastor que estava tomando drogas, usando o cartão de crédito da igreja para alugar carros para os traficantes, e emprestando dinheiro dos membros a fim de pagar seus débitos ilegais (eles não sabiam disso quando lhe emprestaram o dinheiro). Esta situação complicada causou-me muitas dores de cabeça. Fui culpado pelas pessoas (que não sabiam tudo o que o pastor fizera). Alguns membros do conselho ficaram aborrecidos comigo porque eu não pude *consertá-lo*, etc. O caso é que todos herdamos uma história quando decidimos ser líderes que fazem diferença.

O que podemos aprender dos nossos erros (e dos alheios):

- Aceitar a responsabilidade por nossos erros, a fim de aprendermos com eles.

Alguém observou: "Errar é humano, mas reconhecer os erros, corrigi-los, e aprender com eles conquista o respeito dos outros". Negligenciar em fazer isto, ou mesmo esconder o erro, leva à perda do respeito próprio e do respeito dos outros.

- Não equiparar cometer um erro com "ser" um erro.

Você não é um erro, não é um fracasso, e nem é um perdedor. Você cometeu um erro, ou falhou e perdeu — desta vez! E você pode aprender de seus erros, fracassos e perdas na vida, e tornar-se alguém melhor por causa deles. Se o seu comportamento era pecaminoso, compreenda que o perdão acha-se disponível a todos os que se arrependem.

- Aceitar a realidade. Você não pode mudar o fato de que comete erros, mas pode escolher como reage a eles.
- O seu crescimento começa quando você olha para a sua vida e vê muitas áreas a serem melhoradas.

Os nossos melhores amigos nos dirão a verdade. Às vezes, é algo que não desejamos ouvir, mas a fim de crescer, devemos escutar.

Aprender eficazmente com os erros requer, geralmente, o envolvimento de outras pessoas. Elas podem ter um conselho, oferecer uma aula (treinamento), ou ouvir nossa prestação de contas (para conservar-nos honestos).

Um amigo imparcial, mentor, ou treinador pode ter uma perspectiva mais objetiva sobre o nosso comportamento e ajudar-nos a identificar o que e quando estamos minimizando os riscos, quebrando as regras, negando ou evitando os compromissos que assumimos. Todos precisamos de pessoas à nossa volta, que nos amem o bastante para, graciosamente, falar-nos a verdade.

> *O que repreende ao homem achará depois mais favor do que aquele que lisonjeia com a língua (Pv 28.23).*

- Tente entender por que aconteceu, e quais foram os fatores que contribuíram.

A fim de compreender por que tomamos a decisão que se revelou um erro, ou tivemos a discussão que foi pecaminosa, é útil olhar atrás e analisar os momentos, horas, dias e semanas que antecederam o tal erro cometido. Não veremos todas as coisas, mas poderemos divisar padrões, raciocínios e, quem sabe, concessões. De vez em quando, temos de fazer o "caminho de volta" a uma experiência da infância, onde fomos feridos ou desencaminhados (o tratamento de nossos pais, nosso primeiro emprego, uma experiência na faculdade, etc.). Existem algumas razões compreensíveis para as pessoas fazerem o que fazem. Isto não torna certas as coisas erradas, mas ajuda-nos a entender.

Tente acessar:

- Que informação lhe teria sido útil para ajudá-lo a evitar o erro?
- Que pequenas decisões, raciocínios, e/ou concessões (pequenos erros) contribuíram para o grande erro?
- Havia alternativas que você deveria ter considerado, mas não o fez?
- Que espécies de mudanças você fez para evitar esse tipo de erro?
- Como você poderia lidar com uma situação semelhante, de modo diferente?

Algumas mudanças são mais fáceis do que outras. Com a sua introspecção e análise da situação onde se deram os erros, que sinais de advertência você observa, e que levará em conta, se surgir uma experiência semelhante?

- Não pense que no futuro, todas as pessoas, todos os patrões, todos os funcionários, ou a própria vida estão destinados a repetir o passado. Não exagere na compensação. A próxima situação (ou pessoa) não será a mesma.

Deixe-me Encerrar com uma História

Há muito tampo, havia um homem que roubava uma galinha de seu vizinho todos os dias. Alguém lhe mostrou que aquilo era errado. O homem replicou que precisava de tempo para corrigir o hábito: "Começarei roubando uma galinha apenas uma vez por mês, em vez de diariamente, e no próximo ano, não roubarei nada".

O moral da história? Quando alguém lhe apontar um de seus erros, corrija-o imediatamente. Quando conscientizar-se sozinho de seus erros, não tente escondê-los. E enquanto os estiver corrigindo, não tenha medo.[13]

[1] http://www.quotationspage.com/quote/38694.html.

[2] **N. do T.:** Esquema fraudulento de pirâmide financeira.

[3] Matt Krantz, "Officials: $50B Lost in Fraud", *USA Today* (12 de dezembro, 2008), p. Bl.

[4] Barbara Kellerman, *Bad Leadership: What It Is, How It Happens, Why It Matters* (Boston, MA: Harvard Business School Press, 2004).

[5] **N. do E.:** Ex-astro do beisebol viciado em jogo que, após perder muito dinheiro, tenta recuperá-lo apostando em sua própria equipe, uma prática antiética e ilegal.

[6] **N. do E.:** Famoso personagem de comédia nos Estados Unidos.

[7] Ori Brafman e Rom Brafman, *Sway: The Irresistible Pull of Irrational Behavior* (Nova York: Doubleday, 2008).

[8] http://www.usnews.com/usnews/biztech/articles/070129/29/power.htm.

[9] Stanley H. Teitelbaum, *Sports Heroes, Fallen Idols* (Lincoln, NE: University of Nebraska Press, 2005).

[10] http://www.forbes.com/management/2004/ll/19/cz_rk_1119drucker.html.

[11] Ibid.

[12] John Emerich Edward Dalberg Acton, http://www.phrases.org.uk/meanings/288200.html.

[13] http://en. epochtimes.com/n2/china/ancient-china-mencius-wisdom-learning-from-mistake.

ACERTAR

CAPÍTULO 12

E que é o que o Senhor pede de ti, senão que pratiques a justiça, e ames a beneficência, e andes humildemente com o teu Deus?
(Miquéias 6.8)

As pressões do sucesso e da liderança têm levado o melhor de muita gente. A crise no mundo econômico tem deixado muitas pessoas com a pulga atrás da orelha. É difícil determinar quando a poeira assentará, e quem é o responsável. Contudo, vou dar-lhe uma sugestão inteligente: "Siga o rasto do dinheiro".

O "paraquedas dourado" (benefícios e somas elevadas oferecidos em troca de uma aposentadoria precoce) deixa você zangado? Parece haver pessoas ineptas e/ou gananciosas neste pesadelo financeiro, que precisam explicar-se. O "paraquedas dourado" é um acordo entre uma empresa e um funcionário (geralmente um alto executivo), especificando que o funcionário receberá certos benefícios significantes, se o emprego terminar. Às vezes, certas condições — normalmente a troca dos donos da empresa — têm de ser preenchidas, mas em muitas ocasiões, a causa para o término do emprego não é especificada. Estes benefícios podem incluir indenização por cessação, bônus em dinheiro, opção por ações, ou outros.[1]

O problema? E se o "paraquedas dourado" beneficiar o líder e roubar os funcionários? Onde está o equilíbrio? Hoje, o que vemos são excessos e desequilíbrios, quando se avalia quem culpar na falência de uma companhia. Também nos pegamos indagando por que o executivo recebe fundos e benefícios exuberantes, enquanto as demais pessoas que trabalhavam na organização perdem tudo?

Recentemente, conversando com um contador que avalia acusações de "fraude" em negócios, ouvi dele a explicação de como o tribunal determina se alguém quebrou a lei com suas finanças, prerrogativas, despesas, etc. A regra do polegar usada por muitos investigadores de fraude é chamada de "triângulo de fraude". Funciona desse modo:

- **Oportunidade:** A pessoa tem a oportunidade de fazer algo que esteja fora dos limites das "regras"? Isto pode incluir acesso ao dinheiro, sexo, poder excessivo, ou outra tentação que não seja legal, ética, ou moral.

- **Motivação:** A pessoa tem uma "necessidade sentida", como despesas, desejo de intimidades, solidão, vingança, e/ou "recuperação de investimento"?

Recentemente, o COO (executivo-chefe de operações) de uma companhia tirou vantagem de seu acesso ao fundo monetário geral da empresa, usando-o para o seu benefício pessoal. A razão? Seu chefe também o fazia. Mas havia uma diferença entre ambos. O chefe tinha permissão para tomar certa quantia desse dinheiro como parte de seu pacote de "prerrogativas". O COO ressentiu-se disso e teve ciúme. Assim, o COO passivo-agressivo decidiu transferir parte dos fundos para a sua conta pessoal. A sua motivação? Ele sentiu que merecia o mesmo benefício financeiro que o seu chefe. Foi motivado pela ira, pelo ressentimento, o ciúme e a ganância. Às vezes, a tentação é difícil de resistir, especialmente quando não há prestações de contas.

- **Racionalização:** A pessoa passa, mentalmente, pelo processo de racionalizar seu comportamento questionável (ou obviamente errado). Às vezes, as pessoas chegam a um ponto onde decidem que é direito fazer isto porque... Pode ser uma conclusão "ética circunstancial", ou elas simplesmente se sentem "bem" com a sua decisão. Justificam o seu comportamento, seu caso amoroso, a violação da ética, ou gastos com elas mesmas.

Ora, os tribunais não se importam com a motivação, e certamente não se importam com o modo com que a pessoa racionalizou a sua decisão de fazer a coisa errada. Eles simplesmente olham para as regras. A pessoa as quebrou? Foi ilegal? O que precisa acontecer com o julgamento?

Quando observamos como podemos continuamente fazer a coisa certa — não importa quanta pressão ou motivação há para se fazer a coisa errada — todos precisamos fazer a nós mesmos as seguintes indagações:

Qual é o meu interesse?

Como vejo o meu sucesso? Estou olhando para o que faço como um serviço aos outros, meus clientes, membros da igreja, colegas do *staff*? Ou há um interesse próprio interno motivando-me a ser agressivo para alcançar minhas metas, não importa quais sejam as regras ou quem eu precise atropelar no processo?

O interesse próprio pode levar o indivíduo a usar pessoalmente o seu poder para trazer prejuízo a outra pessoa, grupo, igreja, ou companhia.

Quais são os desafios que vêm com o poder? Entendo o poder? Que perigo há nele? Quão rapidamente posso racionalizar o meu direito de tirar vantagem dos outros, se eu possuir um título ou autorização financeira para literalmente comprar pessoas?

Tive, certa vez, um membro do conselho, que frequentemente convidava-me a jogar golfe, caçar, pescar, ou coisa parecida, só para ficar a sós comigo e dizer-me como ele achava que o serviço de liderança que eu estava fazendo deveria ser feito. Ele procurava comprar equipamentos e arranjar ocasião de usá-los, só para conseguir meios de isolar-se comigo. Logo li nas entrelinhas e compreendi que ele não estava tentando ser amável — estava buscando o controle da organização. As suas mudanças teriam sido devastadoras ao que estávamos procurando servir. Precisei, então, proteger a minha responsabilidade de ser um líder e ficar atento ao que ele estava fazendo. As pessoas tentarão influenciar-nos com o seu poder ou dinheiro, mas podemos estar alertas às suas motivações. Jesus era comumente tentado por pessoas com motivos errôneos.

Jesus, porém, conhecendo a sua malícia... (Mt 22.18)

Os síndicos, ou chefes de associação de bairros, são habitualmente processados por suas regras obsessivas e legalistas. Por quê? Alguém é eleito (ou autoindicado) para presidente da associação de moradores. De repente, ao assumir o cargo, deixa de ser vizinho. Ele agora tem autoridade, ou entende que a possui, mas se esquece de que a vizinhança precisa ser governada com razão, equilíbrio e tolerância. Os vizinhos não precisam viver como prisioneiros sem tolerância.

A arrogância executiva envenena a ambiente em muitas organizações. Ela é especialmente mortal em organizações impulsionadas por ideias, onde os subordinados são tão talentosos quanto os seus líderes — ou mais. Os líderes podem sentir-se intimidados pelas pessoas com talentos e boas ideias. Líderes inseguros geralmente dirão ou farão o que for preciso para manter o controle.

Poder, dinheiro e prestígio podem gerar coisas estranhas em nossa cabeça. Aprender a não deixar a riqueza ou nossos títulos nos encantar é um bom princípio básico. Ser humilde e inclinar-se à misericórdia e à compaixão é um ótimo caminho a seguir, em vez de permitir que o poder nos envenene.

Tenho ambição egoísta?

Arriscar-se desnecessariamente... ultrapassar a linha... condescender com o erro "só para atingir a meta".

É útil perguntar a nós mesmos: "Estou sendo tão agressivo que racionalizarei o tratamento negativo que dispenso às pessoas, dizendo que este é meu 'plano de negócios', e alguém terá de sofrer"?

Acredito haver um caminho em que podemos perseguir as metas dadas por Deus, e ser sensíveis, no processo, às necessidades alheias.

Podemos orar por sabedoria para fazer o que é certo.

Devemos estar conscientes de que a ambição egoísta é como uma droga que nos empurra a um padrão irresponsável de "Farei isto, não importa como as pessoas se sintam a respeito". Ou podemos dizer: "Farei isto a despeito dos riscos". Alan Greenspan, antigo presidente da Reserva Federal, chamou a crise financeira de 2008 de "tsunami financeiro que ocorre uma vez a cada século". Explicando o que ele achava ser o motivo da explosão desse balão econômico, o presidente da House Oversight Committee, Henry Waxman, afirmou:

> A lista de erros é longa, e o custo para o contribuinte é espantoso. Os nossos reguladores tornaram-se facilitadores em vez de executores da lei. A sua confiança (arrogância) na sabedoria dos mercados era infinita. O mantra passou a ser que o regulamento do governo está errado. O mercado é infalível (falsa crença e arrogância).[2]

A ambição egoísta pode acontecer com uma pessoa, organização, igreja, ou governo. Aconselha-se prudência, quando a ambição se acha fora de controle.

O que é necessário para se obter confiança? E, você tem a confiança daqueles que o cercam?

A confiança é crucial para determinar se podemos liderar ou não. Necessitamos atuar de um modo que as pessoas confiem em nós, bem como demonstrar que confiamos nos outros.

Sempre falo a pastores em vários seminários, conferências e outros eventos. Sou da opinião de que não podemos dirigir uma congregação se não somos dignos de confiança. De igual modo, líderes empresariais não podem dirigir nossa companhia, se não são confiáveis.

A confiança se ganha com o tempo, uma decisão após a outra. Como líderes, a desconfiança dos outros pode ser algo que herdamos, de vez em quando, por causa das decisões do antigo líder. Se este é o caso, paciência e compreensão serão necessárias para se ter aqueles a quem servimos na "mesma página" que nós. A confiança é uma estrada de mão dupla. Precisamos confiar naqueles a quem estamos servindo, e eles precisam confiar em nós.

Existem algumas razões comuns para as pessoas não confiar em nós, que podem não ser falta nossa:

Fazer as pessoas prestar contas. Como líderes, fazemos avaliações, relatórios, e frequentemente analisamos nossas metas. Neste processo, precisamos conversar com as pessoas sobre a sua ética de trabalho e sobre como estão se saindo em suas tarefas. Recordo-me de haver precisado falar com um diretor financeiro a respeito de sua rudeza para com as pessoas, e avisá-lo que alguns pessoas estavam deixando a nossa organização por causa se suas palavras ásperas e sua má atitude. Depois daquela conversa, o homem ficou ressentido comigo e tentou arruinar-me diante dos outros funcionários. Eventualmente, ele teve que deixar o trabalho, porque não conseguia enxergar seu problema.

Fazer os parentes das pessoas prestarem contas. Sempre que temos pessoas aparentadas entre si em nosso *staff*, precisamos compreender que, sempre que for necessário corrigir o comportamento de uma pessoa (ou atitude), isso atingirá imediatamente o seu parente. Sou cuidadoso quanto a empregar membros de uma mesma família, por causa da questão de lealdade entre eles. As pessoas tendem a ser mais leais aos parentes (cônjuges, sobrinhos, irmãos e filhos) que ao seu empregador ou funcionários. Se o empregador as corrige, elas geralmente tomam isto como ofensa e tentam influenciar os parentes a ficar do lado delas.

Lembrar que "a batata quente sempre para em sua mão". Muitas vezes, os líderes tomam decisões por causa da tremenda responsabilidade e obrigações da igreja e da organização. E geralmente os funcionários ou associados não entendem o peso sem igual de liderar e ter de tomar a decisão final. Esta é outra parte de se ser um líder. Nunca faremos todos felizes, mas podemos ser cheios de graça e compaixão enquanto lideramos.

Ter mais informação que os outros e precisar ater-se firmemente à agenda. Houve ocasiões em que precisei tomar uma decisão por saber de algo que os outros não sabiam — e eu não podia contar-lhes. Servindo à Marinha dos Estados Unidos, recebi uma autorização de partida, altamente secreta, por causa do trabalho que eu estava realizando. Uma das coisas em que eu fora bem treinado era: "Você só precisa saber se for necessário saber". Normalmente eu perguntava aos oficiais e outras pessoas que se achavam em postos acima do meu, quando queriam conhecer o conteúdo de uma mensagem "Confidencial": "O senhor tem necessidade de saber?" Em toda organização, há pessoas que simplesmente não podem (e não devem) saber tudo o que sabemos. Servindo como pastor sênior de uma grande congregação, eu aconselhava os membros, ouvia-lhes as histórias trágicas, suas tentações e fracassos. Tais informações eram uma confiança sagrada, e eu geralmente formava decisões baseado no que eu sabia, mas simplesmente não podia conta a mais ninguém.

No papel de líder, devemos entender que algumas pessoas não conseguem aceitar que as coisas não sejam do seu modo. Contudo, não podemos permitir que isto nos impeça de fazer o que sentimos ser o certo. Liderança não é apenas um privilégio, mas um imenso desafio, quando precisamos discordar das pessoas à nossa volta. A habilidade de discordar sem ofender é aprendida ao longo dos anos, e não é absoluta. Não obstante, haverá pessoas que insistiram em concretizar seus objetivos, a qualquer preço. Nesses casos, simplesmente decidimos o que é certo e seguimos em frente.

Algumas pessoas realmente pensam que trabalhamos para elas e que elas sabem melhor do que nós em lidar com o serviço ou a igreja. Sempre lembro aos pastores: "Há muita gente em sua congregação que acredita fazer um trabalho melhor que você — e alguns podem ter razão. A diferença, porém, entre você e essas pessoas é que *você* foi chamado por Deus para conduzir aquela igreja". As igrejas são cheias de membros do conselho e de comitês, e as pessoas acham que podem controlar o pastor. Todavia, o ofício de "pastor" não lhes pertence. Deus chamou os ministros para serem pastores, guardas e líderes daqueles a quem servem.

O NBR (Nightly Business Report) é o programa sobre negócios mais assistido na televisão americana. Ele examinou 700 líderes empresariais, políticos e populares da atualidade, e fez uma lista das 25 pessoas mais influentes no mundo dos negócios. Com base neste grupo, destacaram oito atributos de liderança, considerados cruciais para manter o sucesso. Próximo ao topo da lista, está que eles são pessoas que "falam a verdade".[3]

Qual a sua definição de influência?

Estamos influenciando para o bem as pessoas à nossa volta? Afetamos as pessoas pela nossa maneira de viver e falar, e pelo modo de reagirmos a más atitudes e a emoções como medo e desânimo. Estive recentemente em um avião, que rodeou LaGuardia, em New Jersey, por quase 90 minutos. Devido às muitas milhas que já fiz com essa linha aérea, fui posto na primeira classe. Estávamos em meio a uma tempestade, o trajeto bastante acidentado, e muita gente estava agitada. O homem ao meu lado pediu-me o meu "saco de vômito". Fiquei pensando em como ajudá-lo, e ofereci-me para ligar o ar acima dele. De repente, o aeroplano foi atingido por um raio. Perto de minha janela, avistei um clarão vermelho-amarelado, senti o impacto, e o avião pareceu ser balançado. O piloto, obviamente, estava procurando qualquer corte de energia e, por alguns momentos, apenas manteve firme a aeronave.

Numa resposta imediata, as pessoas gritaram, xingaram, e usaram o nome do Senhor em vão. Senti minha ansiedade, mas resolvi permanecer quieto e manter a calma. Perguntei ao passageiro ao meu lado se eu podia ajudá-lo quanto ao seu enjoo, e a minha atitude pareceu influenciá-lo, bem como aos outros, a simplesmente relaxar. Lembrei a mim mesmo que o comportamento de uma pessoa, pode surtir um efeito calmante numa situação de medo e confusão.

A nossa influência sobre as pessoas para quem trabalhamos, sobre a nossa família, a igreja a quem servimos, ou a comunidade onde vivemos, pode ser mensurada. Podemos influenciar tanto para o bem quanto para o mal. Como é a sua influência? Saiba que ela é contagiosa.

Em nosso sucesso, somos responsáveis tanto por ser eficaz em nosso papel, quanto por fazer o que é certo em nossa interação com as pessoas. Esse é um desafio em que os seres humanos somos falíveis. Nem sempre as pessoas fazem o que é certo e ao mesmo tempo alcançam o sucesso. Alguns podem ser notados como bem-sucedidos, mas em seu relacionamento com as pessoas não são respeitados. E alguns podem receber enorme respeito das pessoas, mas não ser visto como bem-sucedido.

O que É Sucesso, e, a Influência Deve Ser nossa Meta?

Todos compreendemos a mensagem comum de que liderança é influência — e influência é liderança. Mas que espécie de influência exercemos?

Jim Jones tinha capacidade de liderança e uma tremenda influência, quando persuadiu os seus seguidores a tomar a bebida envenenada. Outros líderes "venerados" possuem influência e habilidades de liderança quando convencem os seus seguidores a fazer coisas normalmente contrárias à própria consciência. Os líderes carismáticos exercem enorme influência sobre os seus seguidores, quando os convencem a acreditar em sua filosofia e a acatar-lhes a opinião para tudo o que fazem.

Hitler tinha uma influência tremenda. Mas, seria ele um líder? Se a nossa definição de sucesso é influência igual a liderança, ou liderança igual a sucesso, então Hitler era um líder influente e bem-sucedido. Isto é chamado de "o problema Hitler".[4] Se a nossa definição de líder é "alguém com influência", ele pode ser posto na mesma categoria que Lincoln, Gandhi, ou Agostinho. A opinião de muitos é que a liderança tem influência sobre a história. Não obstante, como seguidores de Cristo, entendemos que Hitler não foi um líder. Ele era um egomaníaco mau e despótico, um tirano ameaçador, com carisma e talento para influenciar muita gente a acreditar-lhe nas mentiras.

A Bíblia fala de alguém que será chamado de Anticristo, e que terá a habilidade de influenciar as pessoas para que lhe sigam os maus caminhos.

O que *precisamos considerar* é que a influência tem um tremendo poder, e que devemos sempre observar *como estamos influenciando os outros*. A nossa influência encoraja-os a ser pessoas melhores? A nossa influência encoraja os outros a ser melhores cristãos, com convicções mais saudáveis? Influenciamos as pessoas a fazer o que é certo? Ou as influenciamos a fazer concessões desonrosas, e a "disfarçar" e comportar-se de maneira errada?

Stewart Emery (coautor de Success Built to Last) acredita que o sucesso precisa ser redefinido. Afirma ele: "Ao lermos a definição de sucesso no dicionário, ela parece escrita por sociopatas. Se consultamos o Oxford ou o Webster — ou qualquer dicionário de qualquer um dos lados do Atlântico — eles definem o sucesso da mesma forma: como um acúmulo de influência, poder, riqueza e glórias. Vemos muita gente perseguindo esta espécie de sucesso".[5]

> Ao longo dos anos, tenho assistido e participado de inúmeras conferências de líderes e pastores. A ideia usualmente sugerida é que, se encontrarmos alguém com influência dentro de nossa empresa ou igreja, seremos capazes de construir a força viva de que necessitamos para o crescimento ou a estabilidade. Contudo, o que falta nesta sugestão é que as pessoas influentes podem estar influenciando as demais por razões errôneas, levando-as a fazer coisas erradas, que no final obrará contra o bem que desejamos promover. A influência precisa ser analisada. Ela pode ter poder e persuasão, mas não ser necessariamente honesta.[6]

Como você define liderança? Como determina o que é certo e errado? Como você trata as pessoas?

O profeta Miqueias declarou:

> *Ele te declarou, ó homem, o que é bom; e que é o que o Senhor pede de ti, senão que pratiques a justiça, e ames a beneficência, e andes humildemente com o teu Deus? (Mq 6.8).*

Simplesmente falemos e façamos o que é certo, não importa o preço. Nunca estaremos errados em fazer o que é certo!

Salomão afirmou: "A sinceridade dos sinceros os encaminhará, mas a perversidade dos desleais os destruirá" (Pv 11.3). E o seu pai Davi ensinou-o pelo exemplo, pelo andar "na minha integridade" (Sl 26.1 ARA). Lynn Sharp Paine, da Harvard Business School, assim expressou-se sobre moralidade e negócios: "A ética nem sempre paga; mas sempre conta".[7]

Platão citou Sócrates para defender a justiça que cobre tanto a pessoa íntegra quanto a cidade justa:

> A alma de uma pessoa tem três partes: espírito, desenvoltura, e atenção. Semelhantemente, uma cidade tem três partes. Sócrates usa esta parábola da carruagem para ilustrar o seu ponto: uma carruagem funciona como um todo porque a força dos dois cavalos é dirigida pelo cocheiro. Amantes da sabedoria — filósofos, num dos sentidos do termo — devem governar porque apenas eles entendem o que é bom. Se alguém está doente, vai ao médico em vez de ao curandeiro, porque o médico é tido como um perito em questões de saúde. Semelhantemente, deve-se confiar uma cidade ao perito no assunto, não a um mero político, que tenta ganhar poder dando às pessoas o que elas querem, em vez daquilo que lhes é bom. Sócrates usa a parábola do navio para ilustrar este ponto: a cidade injusta é como um navio em alto mar, tripulado por um capitão poderoso, porém bêbado (o povo comum), um grupo de conselheiros indignos de confiança, que tentam manipular o capitão a dar-lhes poder sobre o curso do navio (os políticos), e um navegador (o filósofo), que é o único a saber como levar o navio ao porto. Para Sócrates, a única maneira de o navio alcançar o seu destino — o bem — é o navegador assumir o comando.[8]

Lembremo-nos de que o nosso sucesso é algo a nós confiado por nosso Criador. Ser justo e fazer o que é certo (apesar do custo) é uma de nossas mais elevadas prioridades.

Fiquemos sempre do lado da bondade, da misericórdia e da compaixão. Geralmente vivemos numa área cinza: nem preta, nem branca; pode ser certa, pode ser errada. Ou achamo-nos no meio de uma decisão onde o erro pode ter sido cometido, mas podemos perdoar, avaliar, e melhorar o assunto sem trazer injúria ou prejuízo a ninguém. Noutras palavras: alguém jogou tudo pelos ares, mas o dano é reparável. O que fazemos em meio a essas "decisões que envolvem pessoas"?

Ao mesmo tempo em que não faremos concessões ao erro, lembrar-nos-emos da misericórdia. Jesus garantiu: "Bem-aventurados os misericordiosos, porque eles alcançarão misericórdia" (Mt 5.7). Por que a misericórdia é tão importante? Porque o nosso Criador é misericordioso para conosco e quer que ajamos como Ele.

A misericórdia, a bondade e a compaixão pelas pessoas nunca devem nos deixar. O nosso sucesso em qualquer coisa que façamos na vida deve ser influenciado por nossa capacidade de sermos sensíveis aos outros. Onde estaríamos sem a misericórdia de Deus?

Vivamos em humildade, sabendo que tudo o que possuímos é um dom. Juntamente com o fazer o que é certo e ser misericordioso e bondoso, vem a constante compreensão de que, sem a ajuda de Deus, simplesmente não teríamos o sucesso que desfrutamos. Tudo é um dom. A graça de Deus, a sua sabedoria e os nossos talentos são um empréstimo. Somos bons mordomos das habilidades, talentos e favores que Ele nos confiou?

Habitualmente sou contatado por pessoas que experimentaram fracassos, grandes desapontamentos, ou perdas. Meu coração vai ao encontro delas e empenho-me ao máximo para oferecer-lhes um conselho sábio e dar-lhes esperança. Mas uma coisa que lembro a mim mesmo é que, somente pela graça de Deus, estou aqui.

O que Deus requer de você? "Que pratique a justiça, ame a beneficência, e ande humildemente com o seu Deus".

---

1 Wikipedia, Golden Parachute, http://en.wikipedia.org/wiki/Golden_para-chute.

2 "Greenspan Warns Unemployment Will Rise Further", http://usatoday, 23/10/2008.

3 "Lasting Leadership: Lessons from the 25 Most Influential Business People of Our Times", Knowledge@Wharton, 20 de outubro, 2004, p. 1, http//knowledge.wharton.upenn.edu/article.cfm?articleid=1054,

4 J. Ciulla, *The Moral Challenges of Leadership*, Venus-Seminars, Abstract, 8 de novembro, 2006. http://www.venus-seminars.net/?l=enroll/seminars/3.

5 "How Successful People Remain Successful" Knowledge®Wharton, http://knowledge.wharton.upenn.edu/article.cfm?articleid=1451, 19 de abril, 2006, p. 2.

6 John Antonakis, Anna T. Ciancioo, e Robert J. Sternberg, editores, *The Nature of Leadership* (Thousand Oaks, CA: Sage Publications, 2004), p. 339.

7 Ibid., p. 337.

8 http://en.wikipedia.org/wiki/Justice, p. 2.

A sua Definição de SUCESSO

Capítulo 13

Até descobrirmos o que o sucesso significa para nós pessoalmente e para a nossa organização, a liderança é uma conversa praticamente sem sentido.[1]
— Peter Drucker

Todos têm o seu ponto de vista único sobre o que o sucesso lhes parece. Em nosso mundo impulsionado pela meta, que se lança pela visão, e se avalia pelo desempenho, o sucesso é definido por padrões como dinheiro, prestígio, ou popularidade. Isto não é necessariamente mau, mas os aplaudidos têm lá os seus campos minados, e muitos não são bons em evitar minas.

O sucesso tem os seus riscos. Muitos avaliam esses riscos e decidem que ficarão em seu ponto "seguro", vivendo no passado, sem crescer, melhorar, ou realizar mais na vida. Por que alguns temem os riscos? O autor de best-seller, Dennis Waitley, alista seis grandes riscos na vida:

1. Assumir a responsabilidade de desistir de maus hábitos e presunções inválidas.
2. Assumir a responsabilidade de estabelecer um exemplo em nossa vida.
3. Distanciar-nos de um grupo que não esteja nos ajudando a ter êxito e, além disso, tende, ou quer, nos reter atrás.

4. Conduzir a nós mesmos e aos outros por um caminho novo e desconhecido.
5. Trabalhar mais para atingir certa meta e dispor-nos a adiar as gratificações ao longo do caminho.
6. Estar disposto a aceitar críticas e ciúme de pessoas que gostariam de nos manter empacados no lugar com eles.[2]

Muitos olham para estes riscos, avaliam-nos, e decidem que vale a pena, porque a sua chamada é maior que eles. Pensam que a má interpretação de alguns amigos, colegas e parentes vale o custo. A meta que buscam — o seu objetivo — é mais importante que tentar fazer feliz um monte de gente.

Precisamos lembrar a nós mesmos que algumas pessoas que pensaríamos estar por trás de nós estão competindo contra nós, e algumas que acreditaríamos estar nos animando a prosseguir são os maiores vaiadores da multidão. Isto é normal. É parte do preço que pagamos ao ir atrás do que acreditamos ser o sucesso. Contudo, ao longo do caminho, Deus nos dá amigos imparciais e pessoas que estarão ao nosso lado quando precisarmos — amigos comprometidos.

> *Como o óleo e o perfume alegram o coração, assim, o amigo encontra doçura no conselho cordial (Pv 27.9, ARA).*

Um dos maiores desafios em minha vida adulta, no que diz respeito a seguir adiante, rumo às metas de minha carreira são os meus colegas. Houvesse eu escutado muita gente em minha ocupação, alguns dos meus parentes e de meus conselheiros... eu simplesmente teria empacado na vida.

Aprendi a ouvir as pessoas que percebo não ter interesse próprio, e que me dão conselhos piedosos, imparciais e verdadeiros. Descobri que muita gente tem seus motivos e aconselhará os outros de modo a ajudar a si mesma — não a quem aconselha. Quando este é o caso, precisamos ir àquEle quem nos criou e ouvir-lhe a voz e os conselhos.

Não obstante às vezes seja um desafio encontrá-las, existem pessoas que nos oferecerão bons conselhos e sabedoria. Sinto que tais pessoas são conselheiras dadas por Deus, e quando estou perto delas, ouço.

> *Os ouvidos que escutam a repreensão da vida no meio dos sábios farão a sua morada (Pv 15.31).*

A Bíblia mostra que José acabou encrencado porque teve um sonho com o qual a família não concordou. Por causa do ciúme dos irmãos e de sua opinião de que um irmão mais jovem não deveria tornar-se o líder, eles o venderam como escravo. Se Rúben não interviesse e argumentasse com os irmãos pela vida de José, eles o teriam matado.

Por quê?

José tinha um sonho de se tornar líder. Seu sonho viera de Deus. Provavelmente, o único erro de José com os irmãos foi ter-lhes contado que tivera uma visão, que sentia ser sobrenatural.

Qual foi a sua visão?

Sonhou também José um sonho, que contou a seus irmãos; por isso, o aborreciam ainda mais. E disse-lhes: Ouvi, peço-vos, este sonho, que tenho sonhado: Eis que estávamos atando molhos no meio do campo, e eis que o meu molho se levantava e também ficava em pé; e eis que os vossos molhos o rodeavam e se inclinavam ao meu molho. Então, lhe disseram seus irmãos: Tu, pois, deveras reinarás sobre nós? Tu deveras terás domínio sobre nós? Por isso, tanto mais o aborreciam por seus sonhos e por suas palavras (Gn 37.5-8).

Qual era o problema deles? Ciúme? Inveja? A sua opinião de quem deveria ser o líder? Bem, o sonho de José era verdadeiro. Viera realmente de Deus, e ele, de fato, veio a tornar-se líder de seus irmãos, e até mesmo o segundo no comando de uma nação. Ele salvou da fome centenas de milhares de pessoas e tornou-se conhecido por sua compaixão e sabedoria, e por caminhar com Deus.

Houvesse José permitido que os irmãos e outras pessoas o desencorajasse do sonho que tivera aos 17 anos, muita gente teria sofrido.

De igual modo, você tem o sonho de ser bem-sucedido. Lembre-se: algumas pessoas (não todas) tentarão desanimá-lo de ir após o seu sonho. Poderão ser justamente aquelas pessoas que você pensava que o apoiariam. Lembre-se de que você só deve se preocupar em agradar realmente a uma Pessoa: o seu Criador. E você pode continuamente indagar-se: "Estou dando o melhor de mim e dependendo de Deus para dar-me sabedoria e favor?"

O sucesso deixa vestígios; e o mesmo faz o fracasso. Sou um observador das pessoas. Gosto muito de aeroportos, lugares movimentados, e de poder olhar as pessoas. Ler histórias de pessoas bem-sucedidas e pessoas malogradas, em grandes livros e na Bíblia, ajuda-me a compreender os princípios a que desejo aderir, e muitos que desejo evitar em minha vida.

Três elementos-chave que observo vez após vezes na vida das pessoas são:

- **Decidir ser excelente (não perfeito) naquilo que fazemos**

Ninguém pode ser perfeito, mas se trabalharmos duro, estudarmos arduamente, e resolvermos desenvolver disciplinas que nos tornarão mais aptos, poderemos ser uma ameaça aos nossos companheiros.

Vivemos em um mundo de "a média é grande", e espera-se que tenhamos muitas horas de lazer para sermos considerados normais. Mas quanto de lazer carecemos? Como é uma semana de trabalho? A fim de sermos mordomos de nosso tempo, precisamos contar nossos dias e analisar se estamos sendo sábios com as horas que temos.

Fazer o que acreditamos ser a nossa vocação, ou sonho, com o melhor esforço que pudermos, não é apenas realizador, mas motivante. Frequentemente me perguntam como posso fazer o meu trabalho, gastar tempo extra palestrando, separar tempo para a educação e o treinamento de líderes, e escrever 14 livros.

Eu respondo: "Não jogo golfe". Damos uma risada — mas falo sério.

Gosto de golfe. Acho o campo de golfe maravilhoso, e realmente aprecio uma distração. Certamente respeito aqueles que dominam esse esporte, mas para mim, não posso sacrificar um dia por semana (mais ou menos), perseguindo uma bola que raramente coopera! Prefiro passar esse tempo escrevendo, ou lendo informações que penso serem úteis a mim e aos outros. Todavia, não sou você; e você não é eu.

A minha ênfase é: encontre um meio de disciplinar-se para ser excelente em desenvolver o seu sonho, sua ocupação e seus relacionamentos, como de esposo e esposa e de pais e filhos.

O seu sonho exigirá dependência de Deus, concentração, disciplina, tempo e muitas "tentativas" (esforço).

- **Decidir ter novas ideias**

Há poucos anos, vim a entender que Deus é criativo. Isto pode parecer-lhe óbvio, mas para mim significa que Ele pode dar-me ideias criativas — pensamentos novos, maneiras diferentes de fazer as coisas que funcionarão em nosso século XXI. Não novas verdades, mas novos métodos.

Muitas organizações, igrejas e pessoas acabam presas a uma rotina. Alguém me disse, certa vez, que a rotina é um túmulo com dimensões diferentes!

A última coisa que desejo é ser apanhado pela rotina — ficar empacado e sempre seguir a sabedoria convencional da multidão ou da organização. A sabedoria convencional é apenas a opinião da maioria, até que surja alguém com uma ideia melhor.

Lembremo-nos de que a sabedoria convencional já nos disse que nunca voaríamos, nunca conversaríamos com alguém distante de nós milhares de quilômetros, sem um fio a nos conectar, e jamais pisaríamos na lua. As pessoas acreditavam que o mundo era plano, e que somente carruagens puxadas por cavalos nos transportariam de um lugar ao outro. Mas, então, alguém teve uma ideia criativa, um sonho.

Posso desafiá-lo a olhar para a vida de uma nova maneira? Se Deus realmente lhe der um sonho, ou der-lhe o senso de como deve ser o sucesso, saiba que Ele lhe dará a capacidade e um modo criativo de fazê-lo. Deus não brinca com os seus filhos. Ele deseja que você se realize (embora possa ter que lutar e sofrer) como pessoa e naquilo que faz.

Hoje, as igrejas estão tentando novas formas para alcançar as pessoas eficazmente. As empresas estão imaginando novas tecnologias que melhorarão o que elas fazem. Fabricantes de automóveis estão inventando carros que não usam gasolina. Muitos estão sonhando com invenções que ajudarão um monte de gente. Algumas dessas ideias vem-nos à mente na garagem ou no chuveiro. As minhas tendem a vir quando encontro um lugar de silêncio, onde posso meditar (orar), ou descubro um lugar à parte do ruído da multidão.

Ter novas ideias moverá você, a sua organização, o seu empreendimento, o seu trabalho com pessoas e sua família. Dar-lhe-á permissão para pensar:

"Por que não?", em vez de "Por quê?" Você dirá "Vamos tentar", em vez de "Já tentamos antes e não funcionou".

• Decidir evitar o hábito dos comitês

Alguém já disse que se quisermos matar uma grande ideia, entreguemo-la a um comitê. Isto é um exagero, mas eu realmente percebo que algumas das maiores ideias, planos e sonhos de reorganização têm sido abafados por comitês e grupos "tanques de ideias".

Os comitês geralmente começam a sua primeira reunião com alguma espécie de declaração ou acordo que diz: "Este é o modo como operamos (*i.e.*, o modo como sempre o temos feito), e apesar de discutirmos novas ideias, não desenvolveremos novas maneiras de fazer as coisas".

Bill Gates foi um aluno que abandonou a faculdade. A primeira mulher a ser primeira-ministra de Israel, Golda Meier, era uma avó divorciada de Milwaukee. Alguns dos maiores pastores não frequentaram seminários; algumas das maiores igrejas do mundo acham-se nos lugares mais improváveis, fazendo as coisas mais singulares.

Lembremo-nos: os comitês são compostos de pessoas com opiniões, motivações e questões diferentes, e provavelmente movidas pelo desejo de não deixar o barco virar. O consenso geralmente impera.

Às vezes, os comitês são necessários pelo consenso de sabedoria, se as pessoas certas estiverem presentes. Devemos sempre seguir a regras da integridade, do orçamento, da compaixão e da misericórdia, porém todos nós já tivemos experiências com um comitê, literalmente, drenando as energias de uma pessoa ou de uma grande ideia. Eles podem subvertê-la, ou simplesmente vencê-la pelos votos.

Organizações, companhias, igrejas e indivíduos precisam pensar nas possibilidades — com a ajuda de Deus. Reinventemos, repensemos, reorganizemos, reagrupemos para ir ao encontro das demandas do século XXI. Vivamos no mundo do "Vamos experimentar", "vamos tentar ajudar", e "Vou dedicar a isto um pouco mais de esforço".

Os baby boomers (pessoas nascidas num período de alta taxa de natalidade) estão preocupados com a aposentadoria, o estouro do mercado de ações, e com o quanto ainda terão de trabalhar a fim de cuidar da família e de suas necessidades. Nunca apreciei a ideia de uma aposentadoria, porque não acredito em sua filosofia básica. Sequer planejo aposentar-me do modo convencional (*i.e.*, simplesmente mudar-me para um clima ameno, sentar-me numa cadeira de balanço, jogar dama ou golfe, e esperar para comer fora). E, pensar em meu corpo físico desacelerando faz-me desacelerar também.

Por que não pensar assim?

Em vez de pensar que a nossa ocupação ou habilidade já não são necessárias, pensemos em ser pró-ativos *versus* reativos. O que devemos fazer para não sermos vulneráveis? Que habilidades precisamos desenvolver, e que novas informações obter, a fim de continuarmos produtivos? O que fazer para desenvolver um negócio próprio, uma empresa consultora, um sonho nosso?

Os comitês, "tanques de ideias", e pessoas que desejam a nossa mediocridade podem arrastar-nos como se caminhássemos no barro. Somos únicos, talentosos, dotados, e temos bons pensamentos. Descobrir isto é parte de nossa "vida de sucesso".

Qual é o Projeto de Deus para o Sucesso?

Ele deseja que todos sejamos ricos, poderosos e populares? Ele pressiona seus filhos a vencer, não importa o custo? Ele quer que dirijamos uma companhia da revista Fortune 500, ou pastoreemos uma mega igreja?

Creio que não. Mas há muita gente pensando que Deus age desse modo.

Tive a oportunidade de estar com pessoas "bem-sucedidas" em muitas partes do mundo. Algumas das pessoas mais felizes, realizadas e bem-sucedidas vivem em aldeias pobres, em casas pouco confortáveis, e outras condições que fariam a maioria de nós sentir-se miserável.

Certa noite, minha esposa e eu estávamos no lar de um casal muito rico. Bill dirigia uma grande companhia americana e era um dos líderes mais produtivos e organizados que já conheci. Não obstante, ele e sua esposa haviam decidido que ele deveria aposentar-se para, simplesmente, ficarem juntos. Ele tinha cinquenta e poucos anos, possuía muito talento e energia, e achava-se, obviamente, no topo.

Por que ele chegou a essa decisão?

Ele descobrira que se achava no estágio inicial da doença de Alzheimer. Como cristãos, ele e a esposa discutiram a brevidade da vida e como queriam desfrutar um do outro e de seus filhos. Avaliaram, realisticamente, que não tinham ideia de quão brevemente a sua memória se iria.

Eles são bem-sucedidos no casamento e com a família, e empregaram na vida os seus melhores esforços. Agora, com esta nova informação, redefiniram como deveria ser a sua vida. Dirigir um estudo bíblico e um grupo de "prestação de contas", oferecer hospitalidade aos amigos e vizinhos, e estar juntos o mais que puderem tornaram-se as suas novas metas. Para eles, estão sendo bem-sucedidos.

O sucesso é medido por diferentes padrões — diferentes metas, eventos e atitudes. No final, apenas uma coisa importa de verdade: O que Deus pensa a respeito? Como Ele avalia o que fazemos e quem somos?

Humilhai-vos, pois, debaixo da potente mão de Deus, para que, a seu tempo, vos exalte (1 Pe 5.6).

Como Deus Define o Sucesso em nossas Vidas?

• O princípio da obediência

Mas qualquer que guarda a sua palavra, o amor de Deus está nele verdadeiramente aperfeiçoado (1 Jo 2.5).

Quando decidimos deixar Deus orquestrar a nossa vida, entregamos-lhe o controle, e tornamo-nos crentes em Cristo, demos o primeiro passo de obediência em direção àquilo que o Pai deseja para nós. Este é um passo enorme, porque agora somos grandemente influenciados por suas bênçãos e temos oportunidades únicas, porque o conhecemos. Temos a sua Palavra que nos dirá como viver e como tratar as pessoas. Temos o seu Santo Espírito, que será um governante interior, aconselhando-nos em cada desafio e decisão da vida.

A nossa única preocupação?

Saber como podemos obedecê-lo e fazer continuamente a sua vontade. Deus declara: "Se me amardes, guardareis os meus mandamentos" (Jo 14.15).

Warren Wiersbe esclarece que podemos obedecer porque *somos obrigados*, porque *precisamos*, ou porque *queremos*. "Um escravo obedece porque tem de fazê-lo. Se não obedecer, será punido. Um funcionário obedece porque precisa. Um cristão obedece ao seu Pai Celeste porque assim o quer — porque o relacionamento entre ele e Deus é um relacionamento de amor".[3]

Fazer o que sentimos ser necessário para sermos obedientes ao nosso Criador é o nome do jogo. Seguir os regulamentos, conhecer as regras de atitude que são sempre parte do que fazemos, e ser sensíveis às necessidades dos outros são metas diárias. Procuramos maneiras de sermos mais obedientes, não formas de transigir em nosso comportamento.

• O princípio da fidelidade

Foge, também, dos desejos da mocidade; e segue a justiça, a fé, a caridade e a paz com os que, com um coração puro, invocam o Senhor (2 Tm 2.22).

Fidelidade é fazer o que dissemos que faríamos (a menos que seja algo errado). Aprendamos a dizer "sim", significando exatamente "sim"; e "não", se não queremos fazer. É a fidelidade a Deus que nos guiará através da vida, completando o trabalho que Ele nos deu, e mantendo as promessas que fizemos a nosso cônjuge, nossos filhos, amigos, colegas de trabalho e funcionários.

Notei que é comum, para muitas pessoas, fazer promessas e facilmente esquecer-se daquele a quem as fez. Mas a pessoa que ouviu a promessa se lembrará dela — por um longo tempo. Ser fiel a Deus e aos compromissos que firmamos é parte de ser bem-sucedido na vida. Procuremos não fazer promessas que sabemos não ser possível cumprir, ou que desprezamos. Retornemos as ligações telefônicas, respondamos aos e-mails, e façamos o que prometemos.

- **O princípio da confiança**

Davi escreveu:

> *Temor havia ao redor; porquanto todos se conluiavam contra mim; intentam tirar-me a vida. Mas eu confiei em ti, Senhor; e disse: Tu és o meu Deus. Os meus tempos estão nas tuas mãos; livra-me das mãos dos meus inimigos e dos que me perseguem (Sl 31.13-15).*

Todos enfrentamos tempos incertos, conhecemos pessoas que gostariam de nos eliminar, e encaramos desafios que se assemelham a pesadelos. Como filhos de Deus, podemos confiar nEle. De fato, *devemos* confiar nEle.

Em um mundo de caos e confusão, angústia e dor, podemos encontrar um meio de confiar em Deus. Esta é a sua promessa:

> *Porque eu bem sei os pensamentos que penso de vós, diz o Senhor; pensamentos de paz e não de mal, para vos dar o fim que esperais (Jr 29.11).*

Entendemos não ser possível enxergar o futuro, mas Deus estará lá, quando chegarmos. "Não te deixarei, nem te desampararei" (Hb 13.5).

Realmente não sabemos a razão de certas coisas acontecerem na vida — por que tropeçamos, ou por que as pessoas nos tratam do modo como agem às vezes. Deus, porém, sabe, e Ele usará a nosso favor qualquer coisa que a vida nos traga.

E sabemos que todas as coisas contribuem juntamente para o bem daqueles que amam a Deus, daqueles que são chamados por seu decreto (Rm 8.28).

Quando confiamos em Deus, entendemos que Ele lida com as experiências negativas de nossa vida, os tempos difíceis e os fracassos, de um modo que nos trará bem (seja nesta terra ou na eternidade), se o amamos e fazemos o que é certo. Escolha crer nisto.

- **O princípio do contentamento**

Não digo isto como por necessidade, porque já aprendi a contentar-me com o que tenho. Sei estar abatido e sei também ter abundância; em toda a maneira e em todas as coisas, estou instruído, tanto a ter fartura como a ter fome, tanto a ter abundância como a padecer necessidade. Posso todas as coisas naquele que me fortalece (Fp 4.11-13).

O que o apóstolo Paulo estava dizendo? Deus está no controle, se o amamos e somos fiéis ao que Ele nos mandou fazer.

Muitas pessoas ficam zangadas com a vida. Conheci muitos pastores, líderes empresariais, e simples cristãos, que acham que a vida está lhes dando um tratamento severo. Podemos nos sentir turbados ou amargurados com as circunstâncias, os objetivos malogrados e os desafios imprevistos, ou podemos confiar em Deus, dar o melhor de nós, e encontrar uma forma de nos contentar com as bênçãos diárias do Senhor.

Não compensa ficar mal-humorado, inquietar-se, ou deprimir-se com a situação vigente. Pergunte a si mesmo: "Como posso aprender com isto e, de algum modo, ficar mais forte com o que está acontecendo? Como posso me tornar uma pessoa melhor, alguém mais contente?" Isto não significa parar de tentar melhorar, nem tornar-se um "pessimista satisfeito". Significa que encontramos um meio de ter felicidade interna, não importa o que façamos, nem se recebemos aplausos ou se ninguém está prestando atenção.

- **O princípio de servir**

Porque o Filho do Homem também não veio para ser servido, mas para servir e dar a sua vida em resgate de muitos (Mc 10.45).

Visitei Suazilândia há pouco tempo, parcialmente porque aquela minúscula nação possui a maior porcentagem de HIV do mundo, e também porque fui reunir-me com um grupo de profissionais da área médica, que estava fazendo avaliações e oferecendo cuidados básicos ao povo Swazi. Durante aquela semana, visitei duas escolas, para cujas construções levantáramos o dinheiro, e conheci muitas crianças que haviam perdido os pais para a AIDS.

Os médicos, enfermeiros, donos de empresas abastadas e missionários foram subjugados pelas necessidades desesperadoras, mas experimentaram vigor, alegria e realização em estarem naquele lugar.

Por quê?

Estavam servindo a pessoas que se achavam em péssimas condições — fazendo algo com suas vidas, que nada lhes dava em retorno, exceto a satisfação de ir ao encontro das pessoas e ajudá-las em suas necessidades.

Sentei-me com uma oficial do governo, que servia à líder daquele país. Próximo a ela, estava um guarda armado com a sua M16. A líder do governo pôs a mão em meu braço, olhou-me nos olhos e pediu:

— Por favor, não se vá.

— Como posso ajudá-la? — Indaguei.

— Os nossos maiores problemas são a pobreza, o desemprego e a AIDS. Vocês estão nos ajudando com as três coisas — respondeu ela.

O que estávamos fazendo?

Servindo sem qualquer expectativa de retorno — nesta terra.

Sucesso significa abrir um caminho para ajudar os outros. Já se descobriu que os maiores líderes são os maiores servos.

• O princípio da humildade

Diante da honra vai a humildade (Pv 15.33).

O famoso apresentador de rádio, Rush Limbaugh, sempre se refere ao "talento emprestado de Deus". Embora eu não aprecie realmente ouvir isto no contexto em que ele o diz, e não esteja bem certo de sua sinceridade, ele está certo. Todas as nossas habilidades, talentos, favores, bênçãos e oportunidades vêm de Deus. Simplesmente não seríamos capazes de fazer o que fazemos, sem a ajuda dEle, sem as suas habilidades sobrenaturais e a sua sabedoria.

Revesti-vos de humildade, porque Deus resiste aos soberbos,
mas dá graça aos humildes (1 Pe 5.5).

Frequentemente preciso contratar pessoas para trabalhar para mim, uma organização ou outra pessoa. As qualidades que procuro num funcionário são: se ele é humilde, talentoso, trabalhador e inteligente. Isto significa que ele precisa saber que Deus lhe dá a habilidade e que deve depender de Deus para realizar as suas tarefas. A sua ética de trabalho deve ser uma disciplina primordial, e ele tem de ser ensinável (minha definição de inteligente), disposto a crescer e aprender, e empenhar-se para alcançar a excelência.

Simplesmente não podemos fazer o que fazemos, nem ser quem pretendemos, sem as maravilhosas bênçãos e ajuda de Deus.

• O princípio da integridade

A sinceridade dos sinceros os encaminhará (Pv 11.3).

Nunca estamos errados ao fazer o que é certo.

Houve ocasiões em que entrei em dificuldade tentando defender pessoas que estavam sendo exploradas por alguém arrogante ou erroneamente informado. Tenho testemunhado abuso de crianças, empregados, ministros, cristãos humildes, e líderes que se empenham em fazer o que é certo. Também decidi-me a ajudar — quando posso — aqueles que não podem fazer nada por si mesmos. Por causa de minha ética, tenho perdido promoções, sido deixado de lado, e sofrido desconsideração. Tenho sido firme em não maltratar as pessoas e não condescender com o erro.

Assim, por que fazer o que é certo pelas pessoas e pelos princípios?

Porque a Palavra de Deus nos instrui:

Abre a tua boca a favor do mudo, pelo direito de todos os que se acham em desolação. Abre a tua boca, julga retamente e faze justiça aos pobres e aos necessitados (Pv 31.8,9).

Em meio a muitas definições de integridade, há quatro princípios-chave: ser honesto, fazer o que é certo, agir corretamente, e sentir a responsabilidade de ajudar as pessoas que estão sendo tratadas injustamente (mas se acham trancadas no silêncio).

Muita gente não tem meios de defender-se, nem possui audiência que lhe ouça os gritos de socorro.

Quando podemos, devemos ir ao seu auxílio. Devemos falar por aqueles que são tratados injustamente.

A definição de Deus para o sucesso é bem diferente daquilo que aprendemos na Wall Street ou em muitas universidades e empresas. Todavia, não restam dúvidas de que quando estamos vivendo do modo de Deus, sabemos em nosso coração que estamos vivendo bem.

---

[1] Jerry Porras, Stewart Emery, e Mark Thompson, Success Built to Last (Nova York: Plume Books, 2007), p. 11.

[2] Dennis Waitley. Empires of the Mind: Lessons to Lead and Succeed in a Knowledge-Based World (Nova York: Morrow, 1995), p. 29.

[3] Warren W. Wiersbe, Pause for Power (Colorado Springs, CO: Chariot Victor Publishing. Cook Communications, 1998), p. 173.

Por que as Pessoas TEMEM pelos Líderes "Bem-sucedidos"?

Capítulo 14

Geralmente, os líderes mais bem-sucedidos é que estão sujeitos às piores falhas éticas.[1]

Ele estava concorrendo para presidente dos Estados Unidos, a sua esposa achava-se numa batalha contra o câncer, os filhos precisavam de sua força, ele discursava sobre o abuso dos pobres na América — mas isto não o impediu de dormir com outra mulher e achar que poderia eximir-se facilmente.

A sua amante, Rielle Hunter, degradou o prestígio desse líder político bem-sucedido, reduzindo-lhe o título de Senador para "Lábios Quentes".

John Edwards reconheceu que se "tornou gradativamente egocêntrico e narcisista".[2] Com esta atitude, veio a permissão para fazer o inconcebível.

O que ele quis dizer? Egocêntrico? Narcisista? Possivelmente ele agora entende o incrível potencial do poder; ele realmente pode deslizar para o modo "corrupção".

A pessoa pode começar a fazer coisas que jamais teria feito antes de possuir poder. A questão psicológica por trás de se tornar narcisista é que, no lado positivo, muitos podem ser líderes resistentes; no lado negativo, porém, consideram-se exceções à regra.

Edwards achava-se familiarizado com esta espécie de comportamento. Durante os interrogatórios do impeachment de Clinton, ele disse que o caso de Clinton com Monica Lewinsky "mostrou notável desrespeito por seu cargo, pelas dimensões morais da liderança, por seus amigos, por sua esposa, por sua preciosa filha. É de tirar o fôlego o nível a que subiu este desrespeito".[3]

O seu entendimento do fiasco de Clinton não o impediu de cometer o mesmo erro? O que aconteceu?

Eliot Spitzer, governador de Nova York, empenhou-se numa cruzada contra redes de prostituição, mas então foi apanhado com prostitutas. As evidências sugerem que ele tenha gostado 80 mil dólares com prostitutas. O que aconteceu?

Os filósofos da ética chamam esta espécie de comportamento de "Síndrome de Bate-Seba". A "Síndrome de Bate-Seba" é uma referência da Bíblia. O rei Davi é usado como um exemplo de líder bem-sucedido, que fez algumas decisões trágicas.

Davi nos é apresentado, pela primeira vez, fazendo tarefas domésticas no papel de um jovem pastor. Eventualmente, ele mata o gigante Golias e transforma-se num herói da guerra e líder da nação. A sua história é-nos dada como uma lição de liderança.

Deus escolheu o pequeno pastor Davi dentre os seus irmãos, porque "tem buscado o Senhor para si um homem segundo o seu coração" (1 Sm 13.14). Mais adiante, o Novo Testamento explica: "Achei a Davi, filho de Jessé, varão conforme o meu coração, que executará toda a minha vontade" (At 13.22).

Davi parece ter sido impecável como líder, até um anoitecer, quando lançou um olhar concupiscente à sua vizinha Bate-Seba, que estava se banhando. A história relata que ele passeava sobre o teto do palácio, ao anoitecer, quando a avistou no banho. Davi instruiu um servo a buscar-lhe a mulher. O rei levou Bate-Seba para o leito, e ela engravidou.

O esposo de Bate-Seba, Urias, era um dos líderes militares de Davi, e naquele momento achava-se no campo de batalha. Davi tentou encobrir seu caso com Bate-Seba, chamando Urias de volta. Quando Urias chegou, Davi tentou embebedá-lo e fazê-lo dormir com a esposa. Urias não cooperou, por achar que seria injusto desfrutar de uma noite com a mulher, enquanto os seus homens estavam guerreando pela nação. Ele dormiu do lado de fora — à entrada da casa do rei.

Davi, então, levou a situação a um ponto pior, a fim de encobrir o seu dilema moral. Ordenou que Urias fosse abandonado na linha de frente da batalha, e ele foi morto. Davi pensou que pudesse controlar a percepção das pessoas e encobrir a sua decisão egoísta de dormir com a mulher de outro homem.

A história chegou ao fim quando Natã, o profeta assoprador de apito, confrontou Davi, que foi punido pelo Senhor por causa de seu pecado.

A Síndrome de Bate-Seba tem-se repetido várias vezes ao longo da história. Os escândalos, desde os chamados "casos Kennedy" ao Watergate, o caso do presidente Clinton com Monica Lewinsky, a queda de Ken Lay e da Enron Corporation, o romance do senador John Edwards, os encontros do pastor e líder evangélico Ted Haggart com um prostituto, mais o uso de drogas — todos seguem o padrão da história de Davi.

Não sem razão, o povo sempre cogita: "Quem será o próximo?"

Parece que, devido à frequência com que pessoas bem-sucedidas tomam decisões eticamente erradas, o impacto não chega a ser demasiado. Tristemente, é sempre esperado.

O grande medo que muita gente tem acerca de pessoas bem-sucedidas é: A posição, o dinheiro e o prestígio as atingirá também? Como elas mudarão com o novo sucesso em suas vidas?

Quais são as armadilhas? O que podemos aprender com o sofrimento dessas pessoas a fim de não repetirmos a sua história trágica? Não pensemos que estamos isentos de tomar as mesmas decisões errôneas. Lembre-se, estamos a apenas uma má decisão de uma queda.

1. Podemos perder o foco.

Podemos perder de vista as nossas responsabilidades, nossa família, nossos compromissos e valores na vida. Conforme Joanne Ciulla, especialista em ética: "Perdemos de vista aquilo que o nosso trabalho significa".[4]

Os líderes podem desassociar-se de suas tremendas responsabilidades, magnificando algo *ou alguém* a um elevadíssimo nível de importância. O foco de nossa caminhada com Deus, de um casamento saudável, de nossa igreja e nosso trabalho pode tornar-se totalmente nebuloso. O desejo de um comportamento errado, de uma experiência momentânea, ou de atos impulsivos, torna-se maior do que a vontade de fazer o que é certo.

Davi deveria estar liderando e fazendo estratégias para a guerra. Ele era o rei — o general de cinco estrelas. Ele esqueceu-se da guerra em que seu país se achava envolvido e deixou a imaginação levar a melhor, enquanto assistia Bate-Seba tomar banho. Ele não estava focando a coisa certa.

Aqueles dentre nós, que observam os líderes e desejam confiar neles, ficam muito preocupados ao perceber que eles são mulherengos. Por quê? Porque sabemos que eles poderiam, facilmente, perder o foco e fazer decisões estúpidas. A sua integridade está em questão.

2. Podemos acreditar possuir acesso privilegiado; e em muitos casos, possuímos.

O poder geralmente leva ao acesso privilegiado ao dinheiro, a pessoas, registros, programas, e vem com a habilidade de tomar decisões que afetam os valores essenciais de uma organização.

Por causa deste fato, um líder (sem uma prestação de contas adequada) tem mais oportunidades de indultar-se no abuso do poder. Quando somos bem-sucedidos, é preciso mais força de vontade para resistir indultar a nós mesmos e agir fora das regras, do que quando não éramos. Por quê? Porque estamos atraindo os tiros. Estamos na linha de frente. Temos direitos e privilégios que outros não possuem.

Davi sabia que podia fazer basicamente qualquer coisa que desejasse. Ele simplesmente pediu que o servo fosse buscar Bate-Seba, sem fazer qualquer pergunta.

3. Podemos desenvolver uma crença exagerada de que controlamos os efeitos.

Davi ocupou-se em desenvolver uma horrenda cobertura — uma decisão ruim precisava ser protegida por outra pior, acrescentando a esta uma mentira. A espiral descendente da falsidade e do encobrimento era cada vez mais degradante.

Joanne Ciulla explica: "O sucesso faz algumas pessoas acreditar que não são sujeitas às regras normais e dá-lhes uma visão exagerada de sua habilidade em controlar os resultados. Isto é verdade até para aqueles que leem e conhecem a história. A pessoa não aprenderá com erros dos outros, se considerar-se uma exceção".[5]

Mesmo ao serem apanhados, muitos pensam que ainda podem controlar a queda.

No caso de Edwards, há muitos pontos que o tornam sórdido. Seu encontro no hotel (ele foi pego num hotel com Hunter, no meio da noite); a recusa de Hunter a fazer o teste de paternidade; o pagamento feito a ela por um advogado de Dallas, amigo de Edwards; a esposa de Edwards acometida de câncer; e o foco de sua campanha sobre a moralidade e o seu casamento. Ciulla conclui: "Os americanos podem tolerar a infidelidade, mas a hipocrisia é o fim de uma carreira".[6]

O encobrimento pode tornar-se pior que o crime. No episódio de Davi, o adultério não era tão mau quanto o assassinato do marido de Bate-Seba.

Durante o encobrimento de uma decisão ruim, os líderes podem abusar ao máximo de seu poder. Para o presidente Clinton, a sua mentira ao júri de acusação, "Não tive um caso com Monica Lewinsky", foi tão degradante — e muitos acham que mais imoral — que o seu relacionamento sexual ilícito.

4. Podemos acreditar que não seremos descobertos.

Existe um versículo na Bíblia que diz: "O vosso pecado vos há de achar" (Nm 32.23, ARA). Para o presidente Clinton, foi o vestido azul de Monica com o sêmen dele. Ela resolveu não lavá-lo a seco. Teria sido uma recordação nostálgica de sua experiência com um homem? Ou seria uma apólice de seguro para um potencial ganho pessoal?

No caso da Enron, a delatora foi Sharon Watkins. Ela exigiu que os líderes da Enron tivessem os mesmos padrões morais que os outros funcionários.

Para o rei Davi, foi Natã.

Para aqueles que decidem ter uma ligação sexual secreta, na maioria das vezes é "alguém" que conta a um amigo, e um amigo que conta a outro amigo...

O sucesso pode ser uma droga que nos faz acreditar que podemos fazer coisas que os outros não podem — e ainda encobri-las brilhantemente. Acreditamos que somos mais espertos do que todo mundo e que, de algum modo, seremos capazes de evitar a evidência absoluta. Quando a verdade vem à luz, quando a bomba explode, é devastador o impacto sobre a companhia, a igreja, a nação, e os ingênuos e inocentes seguidores. Grandes prejuízos sobrevêm aos constituintes e àqueles que cegamente confiaram.

Por que algumas pessoas temem por aqueles que têm poder, liderança e sucesso? Porque muitos sentem que a posição, o acesso privilegiado e o poder lhes trarão o potencial de fazer coisas erradas.

O que Fazer para Evitar as Armadilhas?

• **Estejamos cônscios das permissões que fazemos a nós mesmos.**

Devemos entender que o conhecimento que temos de nós mesmos, mais o autocontrole (controle do impulso), são cruciais à nossa liderança atual e ao nosso futuro sucesso.

Lembremo-nos de que podemos cometer erros, porque não somos mais espertos nem mais malandros que os outros que — através da história — achavam que poderiam fazer o que fizeram e safar-se livremente. Devemos pensar sobre os nossos impulsos e disciplinar-nos a guardar o nosso comportamento.

Só existem realmente duas pessoas que podem conhecer nossos verdadeiros pensamentos e ambições: Deus e nós mesmos. Se o curso dos seus pensamentos o assusta, peça ajuda. Se as suas atividades têm fugido às regras, pare. Se você necessita reembolsar, refazer, ou pedir desculpas, faça-o. Se for do perdão de uma pessoa ou de Deus que você precisa, peça-o.

Isto significa que escolhemos viver pelas mesmas regras que aqueles que trabalham para nós. Não abusamos de nossos privilégios; evitamos os mesmos erros que desejamos que os nossos funcionários evitem.

Pode ser que precisemos escrever e apresentar um relatório, onde damos satisfação de nossos atos, de modo a desenvolver mais responsabilidade pessoal em nossa vida. Sempre recomendo: "Homens, escutem suas esposas. Esposas, escutem seus maridos". A nossa esposa e os nossos filhos "pescam" coisas que podemos deixar passar.

A sutil doença da "permissão excessiva" pode atacar qualquer líder que detenha poder e autoridade. Podemos resguardar nossas decisões, prestando contas do que fazemos e permitindo aos que estão próximos de nós acautelar-nos, se virem qualquer sinal de conduta imprópria. Eles podem ajudar-nos a viver dentro dos limites do equilíbrio e da disciplina. Precisamos vigiar atentamente se estamos dizendo: "Posso fazer isto por causa de quem sou".

Na multidão de conselheiros, há segurança (Pv 11.14).

• **Saibamos que só damos satisfação de nossos atos às pessoas a quem permitimos nos pedir conta.**

Muitos líderes exigem que seus funcionários apresentem todos os recibos, mas eles mesmos não apresentam os seus. Requerem o cálculo das despesas com todos os detalhes, mas vivem por outro código. Um líder pode instruir o seu pessoal a empregar medidas protetoras nos computadores para bloquear a pornografia, mas deixa o seu aberto a tudo que se encontra na rede.

Orçamentos, conselhos, comitês, funcionários e amigos — são todos dignos de que lhes prestemos contas. Quando nos isolamos das pessoas e dos padrões éticos, podemos rapidamente cair no engano de "Eu não preciso ouvir realmente a ninguém", ou "Controlarei os meus próprios padrões de comportamento, porque prestar satisfação dos atos é para os outros, não para mim".

> *Onde não há conselho os projetos saem vãos, mas, com a multidão de conselheiros, se confirmarão (Pv 15.22).*

Lembremo-nos: "A maçã não cai muito longe da macieira".

Talvez as pessoas em nossa organização estejam vivendo fora das regras porque nós estamos. Aqueles que estão nos observando sabem que vivemos dentro — ou fora — das normas da contabilidade.

Escolha prestar contas. Decida-se a ouvir as pessoas de sua família, de sua amizade, sua organização e sua igreja — aqueles que estão cientes do que você faz.

• **Compreendamos que o sucesso pode ser como uma droga: superestimamos a nossa importância e a nossa invulnerabilidade.**

Lao-tzu advertiu contra o egotismo obsessivo, ao dizer: "O que fica na ponta dos pés não está firme".[7] A Bíblia adverte: "A soberba precede a ruína, e a altivez de espírito precede a queda" (Pv 16.18). "Porque, se alguém cuida ser alguma coisa, não sendo nada, engana-se a si mesmo" (Gl 6.3).

O estimado pastor e autor Rick Warren especifica que há cinco Golias Globais, que precisam ser mortos. A *liderança egocêntrica* acha-se nesse pacote, juntamente com o vazio espiritual, a pobreza, a doença, e o analfabetismo. Na opinião de Rick, a "liderança egocêntrica é a fonte de todos os outros problemas no mundo".[8] Ele acredita que o servir a si mesmo em vez ser uma liderança abnegada é que criou o que ele chama de "pequenos Saddams... eles se encontram em todo país, toda igreja, em toda associação de moradores, em toda empresa.

"A razão é que a maioria das pessoas não tem o caráter, a convicção, e a coragem de resistir às armadilhas que acompanham o dinheiro, o poder e a influência".[9]

Outro amado pastor, Bill Hybels, da Willow Creek Community Church, afirmou: "As pessoas seguirão aonde os líderes as conduzir".

Ele defende que os líderes devem identificar o que é desconcertante para eles "por uma visão que alivie o descontentamento... então, você será catapultado a um estado mental de liderança... Você renuncia ao seu ego porque a causa não pode arcar com o seu orgulho. Você cria boas ideias e assume os riscos. Você engaja membros da equipe. O seu senso de nobreza dá um salto".[10]

Um estudante PhD do colorado comentou: "Costumamos contar como certo a honestidade e a integridade nos negócios. Mas tenho visto degradação de princípios e uma tendência a mensurar o aumento das vendas, não a integridade. Dinheiro agora parece ser a força motriz no mundo corporativo".[11]

A nossa meta? Lembrar que, seja qual for o nosso sucesso, ele é um depósito sagrado — uma dádiva — que deve ser guardada em humildade, gratidão, e a determinação de não deixarmos essa dádiva subir-nos à cabeça.

O homem sábio anda retamente (Pv 15.21).

• **Lembremo-nos de que lidamos melhor com o sucesso quando entendemos que Deus nos deu o talento e o favor que usufruímos. Sem Ele, não temos realmente nada.**

Pode ser que o seu papel, sua carreira, posição ou conta bancária bem-sucedida lhe tenha vindo de outra pessoa; ou pode ser que você tenha começado pelo primeiro degrau, entrado na companhia ou na igreja pela extremidade mais baixa da escada (limpando assoalhos, esfregando banheiros, ou com o salário mínimo), mas Deus concedeu-lhe saúde, força, e clareza mental.

Seja como for que lhe veio o seu sucesso, defina-o como favor de Deus — um dom a ser respeitado, segurado levemente, e guardado com integridade, trabalho árduo e compaixão. Então você saberá, no coração, que ele não tem a ver com você. Ele tem a ver com conhecer aquEle que lhe deu talento, e com o reconhecimento de que você foi chamado a fazer algo maior que si mesmo. Deus é a favor da realização dos nossos sonhos — se os nossos sonhos o honrar e ajudar as pessoas.

Conceda-te conforme o teu coração e cumpra todo o teu desígnio (Sl 20.4).

Moisés foi um dos maiores líderes na história. Ele orou: "E seja sobre nós a graça do Senhor, nosso Deus; e confirma sobre nós a obra das nossas mãos; sim, confirma a obra das nossas mãos" (Sl 90.17).

Podemos entregar nossas metas a Deus e pedir-lhe que abra e feche portas; podemos confiar nEle para dar-nos o seu favor; podemos pedir-lhe que pare qualquer coisa que não seja boa para nós (ou aos outros), e que nos ajude a realizar o que fazemos de um modo que traga honras ao seu nome.

> *Confia ao Senhor as tuas obras, e teus pensamentos serão estabelecidos (Pv 16.3).*

Deus nos dará sabedoria para sermos bons naquilo que fazemos. Ele nos ajudará a saber o que precisamos para melhorar e nos dará o discernimento de como fazer funcionar algo que não está funcionando.

> *Se estiver embotado o ferro, e não se afiar o corte, então, se deve pôr mais forças; mas a sabedoria é excelente para dirigir (Ec 10.10).*

Fazer a nossa "lição de casa", ouvir os outros, buscar conselhos verdadeiramente sábios, e ir às pessoas que "estiveram lá e fizeram isso", são boas medidas. Não podemos nos dar ao luxo de pensar que não precisamos da sabedoria dos outros. Lembremo-nos: "Onde não há conselho os projetos saem vãos, mas, com a multidão de conselheiros, se confirmarão" (Pv 15.22).

O nosso sucesso, nossas realizações, inteligência, autoridade e habilidades saudáveis são dádivas. Precisamos guardar este depósito precioso em humildade e tratá-lo com ternura e cuidado.

Isaías confessou: "Senhor... tu és o que fizeste em nós todas as nossas obras" (Is 26.12). Recordemos:

- Não estamos acima das regras.
- Todos temos de prestar contas.
- Não deixemos que o sucesso nos envenene.
- Nossos dons, habilidades e influências são um depósito sagrado.

---

[1]D. Ludwig e C. Longenecker, "The Bathsheba Syndrome: The Ethical Failure of Successful Leaders", *Journal of Business Ethics,* vol. 12 (1993); pp. 265-273.

[2]http://www.politico.com/news/stories/0808/12405.html.

[3]Jill Lawrence, "Past Sex Scandals' Lessons Go Unheeded", *USA Today* (11 de agosto, 2008); p. 5A.

[4] John Antonakis, Anna T. Cianciolo, e Robert J. Sternberg, editores, *The Nature of Leadership* (Thousand Oaks, CA: Sage Publications, 2004), p. 323.

[5] Jill Lawrence, "Past Sex Scandals Lessons Go Unheeded", *USA Today* (11 de agosto, 2008); p. 5A.

[6] Ibid.

[7] http://www.wussu.com/laotzu/laotzu24.html.

[8] Debbie Kelley, "Author Criticizes 'Egocentric Leadership'", *Colorado Springs Gazette,* 12 de agosto, 2005.

[9] Ibid.

[10] Ibid.

[11] Ibid.

Como ser Bem-sucedido quando se Sente MALSUCEDIDO?

CAPÍTULO 15

Aos olhos do Senhor, serei glorificado, e o meu Deus será a minha força (Is 49.5)

Últimas Conversas

Ao longo dos anos, estive com muitas pessoas em suas últimas horas de vida. Elas se mostram agradecidas, bravas, temerosas e esperançosas. Eu estimo o tempo e as conversas com essas pessoas. Tive o privilégio de ter essa conversa com a minha mãe e o meu pai. Quando estávamos sozinhos, falávamos da vida, algumas de suas complicações e mal-entendidos, a vocação de minha vida e outros assuntos pessoais. Dialogávamos sobre Jesus, o céu, e como, algum dia, estaremos reunidos lá. Ambos os meus pais pareciam saber que a nossa conversa era uma das últimas, e experimentávamos um senso de inteireza e paz. Sei que esta experiência não é comum. Muitos olham atrás e desejam ter tido essa oportunidade. Muitos olham à frente e desejam adiar esse momento. O fim de nossos amados e de nossas vidas é inevitável. O nosso tempo na terra findará. Haverá aquelas horas finais, últimas palavras e elogios fúnebres — e então o quê? Como o sucesso em nossas vidas será definido? A essa altura, como nos sentiremos a respeito de nossas vidas?

Eis aqui as últimas palavras de alguns famosos:

"Não."
– Alexander Graham Bell (1847-1922)

"Aplaudam, amigos, a comédia acabou."
– Ludwig van Beethoven (1770-1827)

"Vejo o céu aberto e Jesus à direita de Deus."
– Thomas Cranmer, Arcebispo de Canterbury (1489-1556)

"Senhor Jesus, recebe o meu espírito. E, pondo-se de joelhos, clamou com grande voz: Senhor, não lhes imputes este pecado" (At 7.59,60).
– Estêvão (o primeiro mártir da igreja cristã).

"Pai, nas tuas mãos entrego o meu espírito" (Lc 23.46).

"Está consumado" (Jo 19.30).
– Jesus

Muitas pessoas têm um elogio fúnebre — palavras ditas por um ente querido, ou alguém que as conhecia. A maioria tem um epitáfio — umas poucas palavras a seu respeito, escritas na lápide do túmulo.

Qual será a sua última conversa inteligente? O que outra pessoa (familiar, amigo, ou alguém que o conheça) dirá sobre você? Em uma palavra (ou algumas palavras), o que estará escrito em sua lápide?

Se você tivesse a extraordinária oportunidade de olhar a trajetória da sua vida e saber como os outros a definiriam (depois de finda), como você mudaria suas metas, decisões, relacionamentos e opiniões quanto a ter uma vida de sucesso?

Permita-me oferecer-lhe algumas coisas que, acredito, ajudarão a priorizar quem você é e o que faz, enquanto examina o seu sucesso.

Poucas coisas importarão realmente no fim de nossa vida. Quero destacar alguns pensamentos que multidões de pessoas já descobriram.

Existem três maneiras básicas, pelas quais se avalia comumente o sucesso: como *parecemos* (aparência física, a roupa que usamos), o que *possuímos* (prosperidade, coisas materiais, terras, casas, e negócios), o que temos *feito* (realizações, posições, prestígio, poder, educação, serviço).

Muitos já descobriram que, no final da longa caminhada, estas coisas não funcionaram. Podemos experimentar satisfação durante certo tempo, mas por dentro elas não acertaram o alvo, por que estas áreas são, em grande medida, fontes duvidosas de sucesso. Há muita gente que teve o privilégio de definir e viver em fontes de sucesso fidedignas. Deixe-me explicar:

Fontes de Sucesso Duvidosas

- **Nossa aparência**

Há um mito que nos diz: "Se tenho boa aparência, devo ser bem-sucedido". Não há nada de errado com roupas da moda, carros, casarões e vizinhança requintada. Entretanto, se vivermos pela opinião de que o nosso sucesso depende de como parecemos, a maioria de nós viverá o suficiente para descobrir que este simplesmente não é o caso. A aparência tem um jeito de mudar.

Enganosa é a graça, e vaidade, a formosura (Pv 31.30).

A vida passa, envelhecemos e nossos corpos começam a esgotar-se. Embora possamos ficar mais sábios, tolerantes e compreensivos, temos menos energia, menos força, mais necessidade de prestar atenção ao nosso físico. As nossas coisas se desgastam, e nós também.

Se o nosso sucesso é construído em nossa aparência, então ele simplesmente se desvanecerá ou passará?

Note, enquanto envelhece, os comentários feitos pelas pessoas que o conheceram antes:

"Hei, você parece bem".

"Você emagreceu. Você está bem?"

"Você ainda faz ginástica? Ainda pode fazer tanto exercício quanto fazia?"

Todos esses comentários são ótimos de se ouvir de pessoas bem intencionadas, mas esse tipo de observação provavelmente não se ouve quando se tem 20, 30 ou 40 anos. É frívolo definir o nosso sucesso por nossa aparência, porque ela muda. O nosso metabolismo muda, temos de nos exercitar arduamente para estar em boa condição física, e notamos que o nosso corpo já não parece o que foi um dia. Muitos descobrem que o seu sucesso precisa ser definido por algo mais profundo que a aparência física.

O homem vê o que está diante dos olhos, porém o Senhor olha para o coração (1 Sm 16.7).

• **Nossas posses**

O que entre os homens é elevado perante Deus é abominação (Lc 16.15).

Tampouco podemos basear a nossa confiança naquilo que possuímos. Nosso carro, casa, negócio, riqueza, portfólio e propriedades podem ir-se rapidamente, e precisamos entender que estas posses ou coisas não serão levadas para o túmulo.

A crise econômica em 2008 e 2009 levou muito da segurança financeira das pessoas em todo o mundo. O preço das casas despencou radicalmente quando a "bolha" estourou em muitos estados americanos. As pessoas ficaram completamente atordoadas com as suas hipotecas (quando deviam mais da casa do que o seu valor real). A notícia de que um investidor inescrupuloso perdera os 50 bilhões de dólares que seus clientes confiantes haviam lhe posto nas mãos percorreu a Wall Street. O dinheiro que se achava nos 401ks (planos de aposentadoria patrocinados pelo empregador, nos Estados Unidos e em outros países) desapareceu da noite para o dia.

Podemos perder o que temos por má administração, pelas más decisões de alguém, por desperdício, ou, eventualmente, por alguém que o herda. Basear o sucesso em bens materiais é algo raso. Ter finanças e possessões *suficientes* é importante, mas muitos acreditam que dinheiro é uma forma de contar os pontos. Este é um modo ruim de definir o sucesso.

Aquele que confia nas suas riquezas cairá (Pv 11.28).

• **Nossos feitos**

Se basearmos a nossa ideia de sucesso em nossa inteligência, capacidade física, o dinheiro que ganhamos, ou o que possuímos, chegaremos a um ponto onde a nossa definição não estará completa. Talvez, nem mesmo perto.

Minha esposa e eu somos membros da ACM [Associação Cristã de Moços] há muitos anos. Um de nossos momentos mais divertidos (às vezes nem tanto) é simplesmente ir para a Associação por uma hora ou duas e fazer o nosso exercício. É útil, sentimo-nos melhores, mas manter a disciplina é um esforço. Também gostamos de aprender, assistir aulas, e ir a seminários e ouvir pessoas nesses eventos, onde uma das vantagens é ouvir outro orador que tem muito a dizer.

Não há nada de errado em ganhar o nosso dinheiro e fazê-lo aumentar. De fato, isto é parte do que devemos fazer em nossa carreira, empresa, e é algo que pretendemos passar aos nossos filhos. Contudo, quanto dinheiro é suficiente? Como determinamos isto? Mais dinheiro significa mais sucesso? Menos dinheiro significa menos sucesso? Penso que não.

O que amar o dinheiro nunca se fartará de dinheiro; e quem amar a abundância nunca se fartará da renda (Ec 5.10).

Muitos de nós já tivemos experiências desagradáveis, por depender da aparência, do que acumulamos e do que fizemos. O resultado é que podemos ficar zangados com a nossa vida e com o modo como ela se transformou. Talvez você esteja bravo com a sua vida por achar que não teve qualquer oportunidade, não teve as pessoas certas, e não vê perspectiva alguma para o futuro.

Se confiarmos em nossas experiências, nas pessoas a quem conhecemos ou conheceremos, em nosso dinheiro, poder ou posição, haverá ocasiões em que culparemos alguém ou alguma coisa por nosso infortúnio. Se enxergarmos a vida desse modo, todos teremos alguém ou alguma coisa para culpar por nossos prejuízos. As circunstâncias, a família, o patrão, pessoas que nos deturparam ou difamaram, a faculdade errada, e a nossa má sorte são os culpados comuns. Todas estas coisas são fontes duvidosas de segurança e sucesso.

Uma Perspectiva Diferente de Sucesso

A qualquer momento somos capazes de começar a olhar para as fontes confiáveis de sucesso. Podemos sair do duvidoso e começar a descobrir as verdades sólidas do sucesso real, da felicidade verdadeira e do senso de completude. Isto traz uma grande satisfação, e vivemos sem tanto medo da opinião alheia, e sem estar preocupados com o que *não possuímos* ou por *não termos tão boa aparência* quanto costumávamos ter.

Assim diz o Senhor: Não se glorie o sábio na sua sabedoria, nem se glorie o forte na sua força; não se glorie o rico nas suas riquezas. Mas o que se gloriar glorie-se nisto: em me conhecer e saber que eu sou o Senhor (Jr 9.23,24).

Podemos mudar da "atitude de jogar a culpa" para uma vida de confiança em nosso Criador e em suas bênçãos inauditas. Podemos procurar as oportunidades de sermos bem-sucedidos por meios que ajudarão não somente a nós, mas também aqueles a quem amamos e ao mundo em que vivemos. A nossa atitude muda: deixamos de ser alguém que é servido para ser alguém que serve. Criamos oportunidades quando não as podemos encontrar, e procuramos as portas abertas para fazer diferenças salubres em nossa vida, nossa comunidade, nosso mundo e àqueles a quem amamos.

George Bernard Shaw asseverou: "As pessoas estão sempre culpando suas circunstâncias pelo que elas são. Não acredito em circunstâncias. As pessoas que vão para frente no mundo são aquelas que se levantam e buscam as circunstâncias que desejam e, se não as encontram, criam-nas".[1]

Fontes Fidedignas de Sucesso

1. Deus nos fez únicos.

Muitas pessoas não desaceleraram o suficiente na vida para descobrir a própria unicidade. Por ter sido feito por Deus, você tem uma dignidade, uma importância e um valor únicos.

Que é o homem mortal para que te lembres dele? E o filho do homem, para que o visites? Contudo, pouco menor o fizeste do que os anjos e de glória e de honra o coroaste (Sl 8.4,5).

Muita gente olha para os outros e tenta ser igual. Todos temos pessoas a quem respeitamos, heróis, e outros para quem olhamos. E devemos deixar as pessoas influenciar-nos para o bem, dar-nos sabedoria, bons conselhos, e boa orientação. Não obstante, se estamos apenas tentando ser como outra pessoa estamos cometendo um dos maiores erros da vida. Não estamos sendo nós mesmos.

Percebo que muita gente está modelando grande parte de sua vida pela imitação de outrem. Esta insegurança apenas tirará de nós o nosso potencial e a nossa singularidade. Pare de tentar ser outra pessoa e seja você. Deus o fez para ser você mesmo, e não há no mundo ninguém mais igual a você. Ninguém pode ser você tão bem quanto você.

Em seu livro, *On Becoming a Leader* [Sobre Tornar-se um Líder], Warren Bennis discorre sobre como os líderes são originais e não cópias. Para ser original, o líder deve conhecer e entender o que e quem ele é: "Os líderes não possuem nada além de si mesmos com que trabalhar... somos o nosso material bruto. Somente quando conhecemos aquilo de que somos feitos, e o que queremos fazer disso, é que podemos começar as nossas vidas — devemos fazê-lo a despeito de uma conspiração inconsciente de pessoas e eventos contra nós... Para nos tornarmos líderes, devemos, então, tornarmo-nos nós mesmos, sermos o construtor de nossa vida... Conhecer a si mesmo significa separar quem você é e o que deseja ser daquilo que o mundo pensa que você é e quer que você seja... Enquanto a nossa vida não for nossa, estaremos andando com roupas emprestadas".[2]

A chave para o sucesso é encontrar a nossa autenticidade e sermos fiéis a ela. Shakespeare comunicou uma verdade básica ao dizer: "Conheça-te a ti mesmo, e o teu eu seja verdadeiro, então tu não poderás ser falso com homem algum".[3]

É fato que o nosso DNA, nossa personalidade, habilidades, dons e talentos não podem ser duplicados. Cada um de nós é diferente do outro. Tudo isto junto, mais o conhecimento de quem nos criou e um coração que deseja fazer o que é certo, confere a cada um de nós habilidades que ninguém mais possui.

Qual a probabilidade de alguém ser geneticamente exatamente igual a você?

Impossível.

Você não é seu pai, mãe, irmão, irmã, primo ou amigo. Você não é Warren Buffet, nem Dorcas.

Encontramos a nossa identidade conhecendo o nosso Criador e tendo com Ele um relacionamento. Isto nos dará uma apreciação de quem somos em nossa unicidade, e nos ajudará a entender o nosso sonho singular de sucesso na vida.

Pois possuíste o meu interior; entreteceste-me no ventre de minha mãe (Sl 139.13).

Ninguém É um Acidente

Deus criou-nos à sua imagem, e a sua criatividade pode ser parte de nossa vida. Usar os dons que Deus nos concedeu, e servir as pessoas de um modo que somente nós podemos fazer é algo que traz realização à nossa vida.

Um antigo dito do hassidismo refere-se à tendência de muita gente bem-intencionada desejar ser outra pessoa, e à importância de descobrirmos o nosso eu verdadeiro, único e digno.

O rabino Zusya, já em avançada idade, comentou: "No mundo vindouro, não me perguntarão: 'Por que você não foi Moisés?' Em vez disso, perguntar-me-ão: "Por que você não foi Zusya?""[4]

Por que Deus se deu ao trabalho de fazer você absolutamente único? Porque Ele queria que você soubesse que "VOCÊ é especial".

2. Deus pôs grande valor em você.

Mas Deus prova o seu amor para conosco em que Cristo morreu por nós, sendo nós ainda pecadores (Rm 5.8).

Como podemos fazer Deus gostar de nós e abençoar-nos a vida? Não podemos. Ele já o fez. E Deus tem uma razão para tudo o que faz.

Uma das perguntas mais importantes que sempre nos faremos é: "Eu realmente sou importante para alguém?" A maneira como respondemos a esta indagação afetará cada área de nossa vida. Se acharmos que não importamos para ninguém, agiremos como se realmente não tivéssemos importância. Seremos malsucedidos, descontentes e insatisfeitos.

A correta resposta à pergunta deve ser: "A despeito do que alguém pense de mim, ou do que eu tenha realizado, ou de achar que fui bem-sucedido ou que fracassei na vida, sou importante para Deus". Você é importante para Deus e Ele deseja que você saiba disso. Se você importa para Deus, você pode saber que Ele o ajudará em quaisquer obstáculos que venha a encontrar. Ele estará com você sempre que desejar fazer a diferença.

Conheci pessoas muito pobres em países do terceiro mundo, que descobriram esta simples — porém profunda — verdade, e possuem um senso de realização que a maioria dos americanos acha difícil compreender. Elas têm o conhecimento de que Deus realmente importa está "com elas". Também tive oportunidades de estar com líderes governamentais, ricos homens de negócios, e pessoas com mente e discernimento incríveis, que também conhecem o fato de que Deus as ama profundamente. Estas pessoas não determinam o seu valor baseadas em coisas duvidosas; elas encontraram algo de valor inestimável: elas são importantes para aquEle que realmente importa.

Não foi com coisas corruptíveis, como prata ou ouro, que fostes resgatados... mas com o precioso sangue de Cristo (1 Pe 1.18,19).

Se Deus pagou por nós o preço do sangue de seu Filho Jesus Cristo, não há conceito mais importante para se compreender na vida. Deus entregou o seu mais valioso bem para comprar você. Você pode definir o seu valor por esta verdade.

3. Deus tem um plano único de sucesso para a sua vida.

Porque eu bem sei os pensamentos que penso de vós, diz o Senhor; pensamentos de paz e não de mal, para vos dar o fim que esperais (Jr 29.11).

Deus nos deu a capacidade de compreender que Ele não apenas criou-nos uma pessoa única, como nos dará sonhos, metas, habilidades e dons singulares para fazermos o que Ele nos pede.

Ora, há diversidade de dons, mas o Espírito é o mesmo (1 Co 12.4).

Muitas pessoas desistem de seu único sonho porque podem ter falhado ou sido malsucedidas em tentativas passadas. Deixam que outras pessoas as desanimem e permitem que comentários negativos lhes assombrem o pensamento. Muitos jovens desistem de um sonho, uma invenção ou ideia porque seus pais, professores ou amigos disseram: "Não pode ser feito", ou "Faça algo normal!" As palavras, os comentários e temores de outrem podem roubar-nos os sonhos — se permitirmos.

É incrível como deixamos os outros dizer-nos o que fazer com a nossa vida, especialmente quando deveríamos estar obtendo tal orientação daquele que nos criou. Também deixamos que nos influenciem sobre como tratar as pessoas; permitimos que a opinião alheia forme a nossa atitude para com os outros.

Você já deve ter ouvido sobre um experimento chamado Efeito Pigmaleão. Nesse teste, foi dito a vinte e cinco professores da escola primária que os seus alunos tinham um desempenho abaixo de seu potencial e eram de famílias apáticas. A outros vinte e cinco professores foi dito que seus alunos eram altamente empreendedores, e suas famílias, incentivadoras.

A pontuação daqueles com "baixo desempenho" caiu 25 pontos, enquanto a dos "superempreendedores" subiu 50. Entretanto, os alunos de ambos os grupos haviam sido escolhidos ao acaso. Todos os fatores foram distribuídos igualmente; a única diferença era a *expectativa* dos professores. Quando um professor esperava mais dos distinguidos como "superempreendedores", os alunos melhoravam. Quando o professor esperava menos dos alunos que ele pensava ser de baixo desempenho, esses alunos pioravam.

Imagine se tratarmos nossos filhos, cônjuges, funcionários, patrões, pessoas com alguma deficiência, pobres, etc., com a crença de que todos possuem um incrível potencial, valor e dons singulares, dados por Deus. Meu prognóstico é que a nossa habilidade em ajudar e abençoar pessoas subiria dramaticamente.

Deus vê você como um superdotado. A sua singularidade pessoal, a sua vocação especial na vida, seus erros, seus fracassos, e até os seus pecados passados podem ser usados para ajudá-lo a entender o amor de Deus por você. Deus quer, continuamente, ajudá-lo a descobrir os seus dons e a desenvolver a sua vocação na vida.

Porque somos feitura sua, criados em Cristo Jesus para as boas obras, as quais Deus preparou para que andássemos nelas (Ef 2.10).

O rei Davi reconheceu: "Possuíste o meu interior; entreteceste-me no ventre de minha mãe. Eu te louvarei, porque de um modo terrível e tão maravilhoso fui formado; maravilhosas são as tuas obras, e a minha alma o sabe muito bem" (Sl 139.13,14).

O profeta Jeremias tinha consciência de seu valor em Deus: "Antes que eu te formasse no ventre, eu te conheci; e, antes que saísses da madre, te santifiquei e às nações te dei por profeta" (Jr 1.5).

Fomos formados "de um modo terrível e tão maravilhoso" e "santificados" a fazer algo. Descobrir a nossa unicidade e sermos quem fomos criados para ser é parte da descoberta do sucesso em nossa vida.

Henry David Thoreau partilhou: "Aprendi isto, pelo menos, por minha experiência: se alguém avança confiantemente na direção de seus sonhos e diligencia por viver a vida que imaginou, encontrará um sucesso inesperado a qualquer hora. Porá atrás algumas coisas, ultrapassará um limite invisível; leis novas e universais começarão a estabelecer-se dentro e ao redor dessa pessoa; ou as leis antigas serão expandidas e interpretadas ao seu favor, num sentido mais liberal... Se você construiu castelos no ar, a sua obra precisa ser perdida. Agora, coloque fundações por baixo".[5]

Não tenha medo de ser quem é. Tire um tempo para pensar a respeito. Peça a Deus que lhe mostre os seus pensamentos acerca de seu potencial e lhe dê sonhos. A chave é encontrar o nosso lugar na vida, seguindo os planos de Deus para o nosso viver.

Viva da sua imaginação, não da sua história.[6]
— Stephen Covey

O Relacionamento mais Importante da Vida

A psicologia e a sociologia ensinam-nos que a maior parte de nossa autoestima, de nosso valor e de nossa autoconfiança vem de nossos relacionamentos. De fato, descobriu-se que uma das razões do crescimento de algumas empresas e igrejas é que elas são boas em ajudar as pessoas a desenvolver relacionamentos.

A nossa sensação de bem-estar, largamente impactada pelos relacionamentos, é o motivo de preferirmos comprar em certas lojas, frequentar determinadas igrejas, ter certos amigos, e gostar mais de algumas coisas ou pessoas que de outras. Essas pessoas sabem o nosso nome, lembram da última vez que nos viram, transmitem-nos ânimo, fé, coragem, perdão, bondade, e um senso de importância.

O nosso relacionamento mais importante é aquele que temos com Deus. Importamos para Ele. A nossa vida importa; a nossa família, filhos, negócios, igreja, assuntos pessoais, preocupações e medos importam para Ele.

O modo como definiremos o sucesso dependerá do valor que damos às fontes fidedignas em nossa vida.

Quanto mais íntimo é o nosso relacionamento com Deus, mais confiante seremos e mais bem-sucedidos nos veremos. O modo como nos sentiremos não se baseará em nossa aparência, posses, ou feitos.

Quanto mais nos afastarmos de Deus, mais inseguros e malsucedidos nos sentiremos.

O motivo? Ele anseia que saibamos que somos especiais. Temos significado. Tudo o que somos e tudo o que realizamos dependem das bênçãos singulares de Deus sobre a nossa vida. Podemos ter um grande plano de negócios, tremendas habilidades pessoais, bens e dinheiro ganhos ou herdados, mas o nosso senso de realização e sucesso vem do Senhor. Com esse conhecimento, você compreenderá o seu real valor e unicidade.

Quer ser uma pessoa mais bem-sucedida? Aceite o fato de que Deus fez você, e Ele o ajudará a entender a sua unicidade e o seu sucesso. Você pode escolher construir a sua vida sobre fontes confiáveis, e com o sentimento de que as suas realizações, posses, relacionamentos, sucessos, fracassos e erros serão todos usados para ajudá-lo a ser quem você foi criado para ser.

E não vos conformeis com este mundo, mas transformai-vos pela renovação do vosso entendimento, para que experimenteis qual seja a boa, agradável e perfeita vontade de Deus" (Rm 12.2).

Tenha um relacionamento profundo com Jesus Cristo, e faça disto a meta número um de sua vida.

E o próprio nosso Senhor Jesus Cristo... console o vosso coração e vos conforte em toda boa palavra e obra (2 Ts 2.16,17).

O seu Elogio

Se você construir a sua vida sobre fontes seguras, qual será o elogio de Deus, quando você finalmente o encontrar, depois de haver deixado esta vida temporária?

Será...

Bem está, servo bom e fiel. Sobre o pouco foste fiel, sobre muito te colocarei; entra no gozo do teu senhor! (Mt 25.21).

---

[1] http://www.quotationspage.com/quote/267.

[2] Warren Bennis, *On Becoming a Leader* (Cambridge, MA: Perseus Pub., 2003).

[3] William Shakespeare, *Hamlet.*

[4] "Rabbi Zusya's Question: Reflections of a Midlife Boomer", by Harry R. Moody, [5]http://www.agingtoday.org/at/at-231/Zuysa.html.

[6] http://www.brainyquote.com/quotes/authors/s/stephen_covey.html.

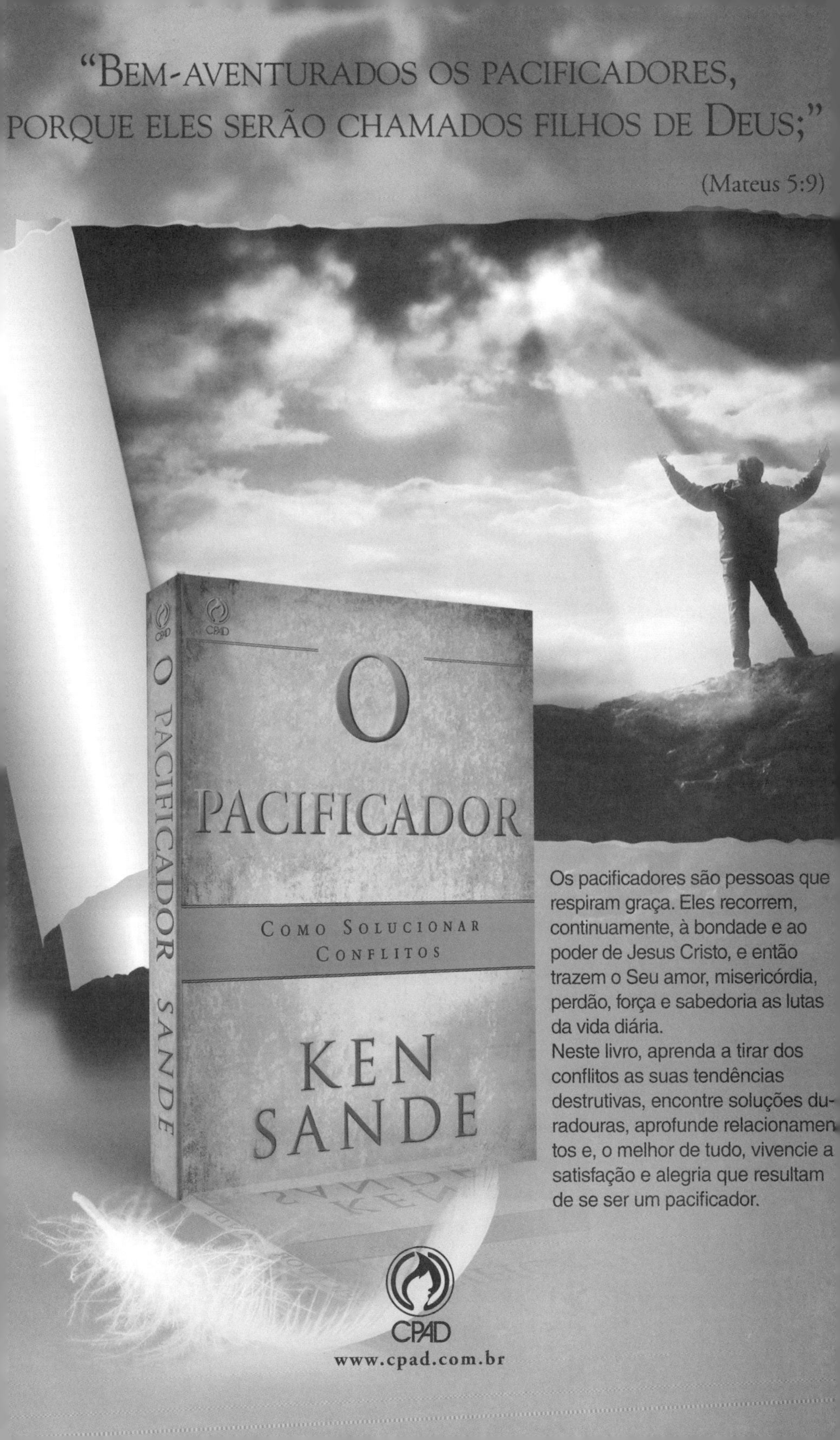
"Bem-aventurados os pacificadores, porque eles serão chamados filhos de Deus;"
(Mateus 5:9)
CPAD
O Pacificador
Como Solucionar Conflitos
Ken Sande
Os pacificadores são pessoas que respiram graça. Eles recorrem, continuamente, à bondade e ao poder de Jesus Cristo, e então trazem o Seu amor, misericórdia, perdão, força e sabedoria as lutas da vida diária.
Neste livro, aprenda a tirar dos conflitos as suas tendências destrutivas, encontre soluções duradouras, aprofunde relacionamentos e, o melhor de tudo, vivencie a satisfação e alegria que resultam de se ser um pacificador.
CPAD
www.cpad.com.br